# 放下痛苦，你才能過得幸福

## 活在當下，把握生命的每一剎那

蘇綺 編著

作家斯特恩曾經寫道：「痛苦與歡樂就像光明與黑暗互相交替，只有知道怎樣使自己適應它們，跟它們和平共處，才懂得怎樣生活。」

每個人的生命歷程都會有幸福時光，也必定會有痛苦時刻，願意面對痛苦、放下痛苦的人，才能擁有真正的幸福。

人必須活在當下，把握生命的每一剎那。

不要老是抱怨自己為何遭逢那麼多挫折，為何人生路走得那麼崎嶇，只要你願意放下這些負面的想法，你就會找到屬於自己的幸福快樂。

## ・出版序・

# 放下痛苦，你才會過得幸福

大多數的痛苦，其實都來自於錯誤心態與偏執的想法，不願面對，不願放下，最後當然成為生活的囚徒。

激勵作家伯頓曾經說過：「如果世上有地獄的話，那就在人們憂慮的心中。」

確實如此，如果你不想讓自己整天活在「地獄」之中，就千萬別為過去懊惱，也別為未來擔憂，更別用根本還未發生或已經發生的「小事」來折磨自己。

生活中難免會有諸多令人感到痛苦和煩惱的瑣事，但是，除了煩憂之外，人生中還有更多值得開心、讚頌的美好事物等待我們去發掘。既然如此，又何必執著於眼前惱人的小事，放棄讓自己快樂的權利？

一味鑽牛角尖，只會讓自己每天苦不堪言；唯有放開胸懷，生活才能過得坦然自在。

露西莉‧布萊克在某次心臟病友研討會中，講述了自己的心路歷程。

露西莉說，她一直是個喜歡熱鬧的人，在亞利桑那大學學風琴，在城裡開了一間語言學校，還在她所住的牧場上教音樂欣賞的課程，而且每天都會參加各種宴會。

突然，有一天早上，她的心臟病發作，整個人頓時垮了下來。

醫生診斷完之後，對她說：「妳必須躺在床上，好好地靜養一年。」他沒有對露西莉說任何安慰鼓勵的話，讓她相信自己還能夠好起來。

躺在床上一年，也許還會死掉，這個消息讓她嚇壞了！

「為什麼我會碰到這樣的事情呢？我到底做錯了什麼？」露西莉每天躺在床上又哭又叫，心裡充滿了怨恨。

就在這個時候，她的鄰居魯道夫先生來探望她，並對她說：「妳覺得要在床上躺一年是件不幸的事，可是換一個角度想，妳整整擁有一年的時間可以思考，可以好好地認識自己。在這一年裡，妳的成長，也許會比妳之前的人生還要多。」

魯道夫的話讓露西莉平靜了下來，決定從此只專注於那些她擁有的，而不是她失去的東西。

每天早上起來，她就強迫自己想些應該心存感激的事情，例如，她有一個很可愛的女兒，她的眼睛看得見，耳朵聽得到，收音機裡播放著優美的音樂⋯⋯此外，她有很多時間看書，吃得很好，有很好的朋友，而且來看她的人很多。

露西莉說：「從我心臟病發到現在已經有九年了，我現在過著比病發前還要豐富的生活。我非常感激躺在床上的那一年，因為它讓我每天早上想著自己所擁有的人事物，這個習慣是我最珍貴的財產。」

威廉・拉爾夫曾經這麼寫道：「憂慮的利息在到期以前，是由煩惱來支付。」

生活固然是苦與樂的循環，但是，痛苦和快樂往往來自一念之間的轉換。

要是一味鑽牛角尖，自然無時無刻都活在地獄；如果能轉換念頭，放開胸懷，用更正面積極的態度看待眼前的挫折與磨難，便能笑看人生，不再為無謂的小事痛苦。

不要為了小事浪費生命，也不要用負面的情緒折磨自己！

大多數的痛苦，其實都來自於錯誤心態與偏執的想法，不願面對，不願放下，最後當然成為生活的囚徒。其實，只要願意放下，就能讓自己活得幸福快樂，不再為了小事痛苦不已。

很多時候，只要懂得轉換念頭，就會發現許多事實在不值得煩憂，不值得你自怨自艾；你的心，也會因為一個轉念，變得堅強成熟。

人在一生之中，不可能事事都順心如意，如果總是時時懸念著自己沒有或失去的東西，久而久之，連現在所擁有的都會慢慢失去。

對自己所擁有的東西心存感激，人才會有動力去追求那些自己所沒有的。一味的自怨自艾，只會讓自己兩頭都落空。

PART—**2**

# 何不換個心境
# 面對人生？

海倫‧凱勒曾說：「如果一個人從他的庇蔭所被驅逐出來，他就會去造一所塵世的風雨所不能摧殘的屋宇。」

PART——3

看法會決定
你的做法

皮爾博士在《人生的光明面》裡說：「逆境會
使人變得更加偉大，也會使人變得十分渺小，
它從來不會讓人保持原來模樣。」

PART___4
# 你可以選擇走向
# 不同的人生道路

德國思想家歌德在《感想集》裡寫道：「能把自己生命的終點和起點連接起來的人，是最幸福的人。」

# PART—5

# 別再渾渾噩噩過日子

西班牙大作家塞萬提斯在《唐吉訶德》裡寫著：
「勇敢的人開鑿自己的命運之路，每個人都是自己命運的開拓者。」

PART—6

# 人生的遠景
# 充滿無限可能

俄國作家契訶夫說：「路是人的腳步走出來的，為了多闢幾條路，必須往沒有人的地方走去。」

# PART—7
# 痛苦，會讓你脫胎換骨

美國作家華盛頓‧歐文在《見聞札記》裡寫道：

「小人物在不幸中卑躬屈膝，大人物在不幸中挺身而起。」

PART—**8**

# 煩惱，都是因為
# 自己胡思亂想

如果我們在面對各種競爭時，內心仍然可以優

游自得的話，那無論外在環境如何變遷，我們

自然就能以冷靜的態度來面對。

# PART——9
## 在變與不變之間，找到平衡點

最好的一條路，是有所變、有所不變，改變那些未來可能發生的悲劇，並且接受那些過去已經造成的不幸。

PART—**10**

# 越心急，
# 對自己越不利

清者自清、濁者自濁，只要對得起自己、自認
問心無愧，那麼這些批評和誤解，就讓時間去
證明吧！

PART—11
把快樂的方向盤
掌握在自己手上

真正的快樂應該發自於內心，如果你的心是朝著快樂的方向，那麼，不管環境如何變化，快樂永遠掌握在你的手上。

# PART—12

# 有耐心的人，才能獲得最後勝利

沒有耐心，只想以最快的速度達到目的的話，結果不但會一無所得，還白白浪費了自己的能力。

# PART

# 希望是自己最好的投資

每個人在歷練人生的過程裡，
不如意的遭遇是難免的，
在這個時候，
希望就是幫你從不如意的
泥沼中掙脫的繩索。

# 心境就是通往幸福的捷徑

真正的幸福就來自於我們的內心。只要你覺得幸福，不論在什麼環境，你都是一個幸福的人。

作家尼克芬斯曾說：「只要你認為自己做得到，你就可以做到別人認為自己做不到的事情。」

不管你眼前的際遇如何，都不能小看自己；人生要過得自在，就必須做好心理建設，讓自己心無罣礙，肯定自己的價值。

萊辛曾經寫道：「我們的徬徨和無助，多半是基於我們對生命無知。」

其實，所謂的生命瓶頸，絕大多數是因為我們過高地評估問題的嚴重性和困

難度，同時也小看自己，因此，我們才會將別人眼中輕而易舉的問題，當成是自己生命中不能承受之重。

很久很久以前，在挪威的一個小村莊裡頭，有一個整天愁眉不展的年輕人，總覺得自己是世上最不幸的人。於是，他天天向上帝祈求，希望上帝能讓自己獲得幸福。

上帝聽到年輕人的祈求，就派來一位天使。天使把年輕人帶到一個峽谷，告訴他這裡就是充滿神奇魔力的幸福峽谷，也是「人間天堂」。

年輕人看著峽谷中繁花盛開的美景，心情不由得豁然開朗。他還來不及對天使表示感激，天使就說：「每個人的一生中只能來這個峽谷兩次，你要好好珍惜另一個難得的機會啊！」

話剛說完，天使就消失不見了。

等到暮色降臨，年輕人才依依不捨的離開峽谷。從此，這個年輕人的生活態

度有了大幅度轉變，因為他知道幸福峽谷能夠為他帶來幸福，他也一直牢記天使

的告誡，不輕易動用他最後的機會。所以，他決定盡自己的最大努力去解決問題，

不到萬不得已，絕對不到峽谷去。

奇怪的是，在他的努力下，所有的問題都迎刃而解，到了晚年，他已經是著

名的成功人士。

在他生命的最後階段，他獨自來到幸福峽谷，跪在峽谷中感激上帝對他的厚

愛，賜予他無限的幸福。

這個時候，天使條然出現在他的面前，告訴他幸福全靠他自己的雙手去創造

的，上帝只不過幫了他一點忙而已。

他不相信，說道：「這裡不是具有魔力的幸福峽谷嗎？」

天使笑了笑，反問他：「難道你真的認為，這裡跟別的峽谷有什麼不同？」

當年的年輕人楞住了，仔細觀察眼前的峽谷，終於恍然大悟。

對生活的態度往往只取決於一念之間，樂觀的人覺得人生處處是幸福，所以過得幸福快樂；至於悲觀的人，因為有著悲觀的想法，凡事都先想著自己做不到，於是注定會有悲觀的結果。

很多人以為追求幸福是一件很困難的事，其實，真正的幸福就來自於我們的內心如何看待自己的際遇。

只要你覺得幸福，不論在什麼環境，你都是一個幸福的人。所以，你的心態，就是通往幸福最快速的捷徑。

發明大王愛迪生曾經這麼說：「失敗也是我所需求的，它和成功對我一樣有價值，只有在我知道一切做不好的方法以後，我才知道做好的方法究竟是什麼。」

的確，在人生過程中，一遇到瓶頸就小看自己的人，會把瓶頸當成沉重的包袱。但是，勇於突破的人，則會把它當作邁向成功的墊腳石。

# 希望是自己最好的投資

每個人在歷練人生的過程裡，不如意的遭遇是難免的，在這個時候，希望就是幫你從不如意的泥沼中掙脫的繩索。

當你在遇到挫折或困難時，不要忘記其實你對自己的生命，擁有比你想像中還要更多的主宰權力；如果你認為自己沒有這些權力的話，那只是因為你不知道該怎麼去運用而已。

學習主宰自己最好的方式，就是讓自己的心態隨時保持希望。

卡爾‧賽蒙頓是美國一位專門治療癌症的著名醫生。

有一次，賽蒙頓醫生負責治療一位六十一歲的癌症病人，這位患者的體重大幅度下降，瘦到只剩四十四公斤；因為癌細胞擴散的關係，使他不但無法進食，甚至連基本的吞嚥口水的動作都無法做到。

賽蒙頓醫生告訴這位病人，只要他抱持著希望，自己一定會盡全力幫助他對抗癌症。病人答應賽蒙頓醫生，說他一定會保持樂觀的心情。

醫生為了減少病人不安的情緒，讓病人充分了解病情，以便和醫護人員合作，每天都將治療進度詳細的告訴病人，解說他的身體對治療的反應。

治療的情形令人驚訝的良好，病人不但對醫生的囑咐完全配合，使治療過程進行得相當順利，也隨時保持樂觀的態度，不斷運用想像力想像他體內的白血球正努力對抗癌細胞，而且獲得最後的勝利。

過了一段時間後，病人的意志力加上醫療小組的努力，果然成功的抑制了癌細胞的擴散，讓原本被宣判為癌症末期的病人重獲新生。

每個人在歷練人生的過程裡，不如意的遭遇是難免的，在這個時候，希望就是幫你從不如意的泥沼中掙脫的繩索。

因為，時時保持希望的人，失敗對他而言，只會更堅定自己的決心；擁有了不易動搖的決心，才會有接下來的成就。

當你在聆聽理財專家談論如何增加金錢財富的時候，別忘了，你也要增加你內心的財富。

金錢的投資只能讓你得到金錢，但是對希望的投資，卻能讓你得到更多用錢也買不到的東西。

# 不要因為一隻小蟲，而跟自己過不去

只要這些阻礙不會妨害到你，你就大可不必理會，因為只有當你注意到這些阻礙時，它才會對你造成影響。

現實生活中難免會遇到一些令人煩心的小事，這些小事就像蒼蠅一樣，對你沒有很大妨礙，卻總是在身邊圍來繞去，讓你心浮氣躁，無法專注。

當這些「蒼蠅」圍繞著你的時候，如果沒有辦法將它們趕走，那就試著學會跟它們共存。千萬別因為一隻微不足道的蒼蠅，轉移了注意力，讓自己模糊了成功的目標。

在一場國際矚目的世界撞球錦標賽中，一位蟬聯多次冠軍的選手在他引退前的最後一場比賽中，表現得出奇順利，只要把九號球打進袋，就能以世界冠軍的頭銜光榮退休。

就在這個令人屏息注目的時刻，不知道從什麼地方，飛進來了一隻小蟲。這隻小蟲正好停在選手的手臂上，選手正準備擊球，卻因為小蟲的關係停下來，揮手趕走小蟲。

把小蟲趕走之後，選手集中精神，彎下腰準備擊球時，誰知道，這隻煩人的小蟲又來了。

這一次，小蟲停在選手的臉上，原本集中的注意力又被打斷，選手開始不耐煩了，用力揮趕那隻討厭的小蟲。

把小蟲趕走後，選手再度準備擊球，沒想到可惡的小蟲竟然又飛回來了，而且像個幽靈似的落在九號球上。

選手再也受不了了，生氣地拿起球桿就對著小蟲捅去。

小蟲雖然受到驚嚇飛走了，可是選手在還沒瞄準的情況下就擊球，以致於打偏了，九號球沒進袋。

按照比賽規則，接下來該輪到對手擊球了。

對手抓住這個大好機會，不偏不倚地把九號球打進袋中，而且展開凌厲攻勢，最後反敗為勝。

這位選手想以世界冠軍頭銜退休的希望落了空，而且因為他已經公開宣佈退休了，所以再也沒有機會參加世界大賽。就因為一隻小蟲，讓這個冠軍選手耿耿於懷了一輩子。

亞瑟・艾許曾說：「一個人的眼界，決定他可以擁有多大的成就。」

一個人能否創造出一番成就，關鍵往往在於是否懂得用積極樂觀的態度，面對競爭激烈的人生戰場。

不論多麼乾淨的地方，都會出現一些莫名其妙的小蟲，這就跟生活和工作一樣，再順利的事情，偶爾也會出現一些小阻礙。

只要這些阻礙不會妨害到你，你就大可不必理會，因為只有當你注意到這些阻礙時，它才會對你造成影響。

就跟落敗的撞球選手一樣，如果他不把注意的目標放在小蟲上，就不會因為心浮氣躁而抱憾終生。

當你在遇到這些「小蟲」的時候，記得，不要讓它們轉移了你的注意力，否則你就是跟自己過不去。

# 跟你不喜歡的人做朋友

學習接納自己不喜歡的人，不但更有效的開展自己的視野，也能增加自己在不同領域中的人脈，讓自己更具備競爭的優勢。

在現實生活中，不可能總是碰到跟你合得來的人，必定有幾個是你看不順眼或使你厭惡的人出現。

如果你只會以排斥的態度來對待你不喜歡的人，最後你的朋友只會越來越少，導致自己的人際關係寸步難行。

在美國東部有一所全美知名的私立學校，這所學校的入學成績需要平均九十

分以上才能夠提出申請，而且它的學費相當於一個普通家庭整個月的開銷，因此

進入這所學校的學生都是家境富裕又成績優異的。

雖然這所學校培育出許許多多優秀的人才，但是它有一個非常嚴重的困擾。

學校緊鄰著一個治安非常差的貧民區，學校的玻璃經常被貧民區的兒童打碎，學

校學生的車子總是被偷，學生在晚上被搶已經不是新聞，甚至還有女學生遭到強

暴的事件發生。

這些層出不窮的犯罪事件，不但嚴重影響學生的人身安全，對學校的聲譽也

有所損害。

「像我們這麼優秀的學校，怎麼能跟貧民區相連呢！」因為這個想法，董事

們一致通過用學校雄厚的財力，把貧民區的土地和房子買下，改建為學校校園。

這樣一來不但校園變大了，也可以讓那些貧民離學校遠一點。

可是，問題並沒有因此解決，反而變得更加嚴重。因為那些貧民雖然搬走，

卻只是向外移而已，學校還是跟貧民區相連，加上廣大的校園不容易管理，結果

反而使治安變得更糟了。

董事會沒辦法，只好請當地的警官一起來商量解決之道。

警官對董事們說：「當你們跟鄰居處不來時，最好的方法不是把他們趕走，而是應該試看去了解他們，進而才能改變他們。」

警官的話讓董事們恍然大悟，於是他們改變方針，為貧民區的兒童設立補習班，捐贈教育器材給鄰近的中小學，還開放部分校園為運動場，提供貧民區的青少年們使用。

就這樣，沒過幾年，不但學校周圍的治安變好了，連貧民區的生活水準也跟著提高，不再稱為貧民區了。

成功的人往往不是那些才華出眾的人，而是那些應對進退不卑不亢，既不小看自己，也不小看別人的人。善於把自己的努力用在正確地方的人，如果掌握了這個法則，那麼你就離成功不遠了。

學會和你不喜歡的人做朋友，也是拓展人際關係不可缺少的一種能力。像上述提到的學校，當董事們選擇以排斥的手段解決問題時，問題只是變本加厲而已；可是，他們一旦放下了心中的成見，願意敞開心胸接納時，問題反而就能夠迎刃而解。

在我們的生活中也是如此。學習接納自己不喜歡的人，不但比上任何課程都能更快、更有效地開展自己的視野，也能增加不同領域中的人脈，讓自己更具備競爭的優勢，何樂而不為呢？

# 好的結果，來自於好的信念

成功的基礎都源自於相信自己的信念，因此，如果你想要讓自己能夠有所成就，就要先從堅定自己的信念開始做起！

透過許多心理學的實驗結果，我們現在可以很清楚了解潛意識對於我們的影響。其中，「信念」便可以說是潛意識影響我們最明顯的一個例子。

只要我們相信自己做得到，潛意識便將這個信念反映在我們的行為裡，這一點在許多歷史上成功人士的例子裡都表現無遺。

哈佛大學的羅森塔爾博士曾經在加州的一所學校做過實驗。

在新學期一開始，他請校長把三位老師叫進辦公室，告訴他們根據過去的教學表現，他們是全校最好的老師，所以今年學校特別挑選了三班全校最聰明的學生讓他們教導。

校長勉勵這三位老師說，這批學生的智商比同齡的孩子都要高，希望他們能因此有更好的成績。這三位老師聽完校長的話，心中都非常高興。

最後，校長還特別叮囑這三位老師要像平常一樣教導學生，不要讓學生或家長知道他們是被特意挑選出來的。

過了一年之後，這三個班級的學生成績不但是全校最優秀的，還比整個學區的平均分數高出許多。這個時候，校長才告訴老師們，其實這些學生並不是刻意挑選出來的，他們都只是隨機抽選出來的普通學生。

三位老師萬萬沒有想到事情會是這樣，於是只能將結果歸功於自己教學有方。

這時，校長很不好意思的告訴他們另外一個事實，原來他們三個也是從教師中隨機抽出來的，並不是什麼特別優秀的老師。

但整個實驗結果就如博士所料：因為這三位老師覺得自己很優秀，對自己充滿了信心，因此教書也就格外賣力；學生感覺到老師的認真，自然而然也會努力讀書。就這樣，原本一群很普通的人，因為相信自己是優秀的，結果就真的成為優秀的人。

好的結果，通常來自好的念頭。

只要對自己充滿自信，很多事情都可以改變。要是你覺得眼前的際遇讓自己痛苦，不妨多給自己一點好的念頭。

我們常常會祝福別人「心想事成」，其實這句話裡面就包含了潛意識的作用。

因為當一個人對自己產生了信心，即使失敗也不會因此灰心喪志，這樣當然能夠達成自己所設定的目標。

一切成功的基礎都源自於相信自己的信念，因此，如果你想要讓自己能夠有所成就，就要先從堅定自己的信念開始做起！

# 不要變成別人的影子

一個只想著迎合別人，希望成為別人的人，只能在人生的路上隨波逐流，沒有辦法找出屬於自己的方向。

有的時候，人要知道「認命」。

這裡指的認命，不是要你屈服於自己的命運，而是能夠明白，不管你如何模仿別人，你還是你，不會因此變成另外一個人。

不要小看自己，每個人都是獨一無二的，所以，只能滿心歡喜地做好自己，這就是所謂的「認命」。

奧列弗・戈爾德・史密斯曾經寫過這麼一則寓言故事。

從前，有一位畫家，他的夢想是畫出一幅人人見了都會喜歡的畫。畫家嘔心瀝血地畫完之後，就拿到市集中去展出。他在畫的旁邊放了一枝筆和一則佈告，佈告上寫著：「每一位看過這幅畫的人，如果認為這幅畫有畫不好的地方，都可以用筆在畫中標明記號。」

到了晚上，畫家從市集中把畫拿回家，發現整幅畫上面都塗滿了記號，沒有一個地方不被指責。

畫家看了這個結果，對自己這次的嘗試感到十分失望。

畫家沒有因此洩氣，決定試試看另一種方法。

於是，他又臨摹了一幅相同的畫，拿到不同的市集中展出，可是這一次，他要求每一位看過這畫的人，把他認為畫得最好的地方標上記號。

這天晚上，當畫家拿回畫的時候，他發現畫上面又被塗滿了記號，那些上一

次曾經被指責得體無完膚的地方，如今卻都被視為生花妙筆。

做任何事，只要能讓一部分人滿意就夠了，因為，在有些人眼中視為醜惡的東西，在另一些人的眼裡卻可能是美麗的象徵。

我們在做一件事之前，經常會考慮別人的反應來決定該怎麼做，而不是按照自己的意願去行動。尤其諸如所謂「成功」、「幸福」等定義，似乎已經有了約定俗成的標準，如果沒有達到這個標準好像就是不對的。

著名的精神分析家弗洛伊德說過：「人們常常會有錯誤的判斷標準，他們為自己追求權利、成功和財富，而且羨慕別人擁有這些東西，因此往往低估了生活的真正價值。」

人生的價值應該讓自己來認定，一個只想著迎合別人，希望成為別人的人，只能在人生的路上隨波逐流，沒有辦法找出屬於自己的方向。

因此，認命的做自己，永遠不要想變成別人的影子！

# 理解別人，是成功溝通的第一步

只要願意放下自我，真心的去理解別人，在一次一次減少衝突的過程中，良好的溝通默契自然會逐漸形成。

不管工作、生活或人際交往，都會有不順遂的時候，其實，只要我們願意換個角度和這人事物溝通，糾葛就能迎刃而解。

敏銳的心能讓我們設身處地的為別人著想。而且，只有能理解別人的人，才不會因為個人的偏見，傷害到別人自己還不自知。

一名寵物店的店主在門口貼了一則降價出售小狗的廣告；廣告一出現，便吸引了附近孩子們的目光。

有一個小男孩在廣告貼出後不久，慢慢走進寵物店，問店主人說：「小狗賣多少錢？」

店主回答：「一隻五十塊。」

小男孩從口袋裡掏出一些零錢：「我只有十塊錢，能不能讓我看看牠們？」

店主笑了笑，讓負責管理狗舍的員工把小狗帶出來。不久，員工的身後跟著五隻活蹦亂跳的小狗，可是其中有一隻遠遠的落在後面。

小男孩立即發現了落在後面一跛一跛的小狗，好奇地問店主：「那隻小狗是生病了嗎？」

店主跟小男孩解釋，說這隻小狗天生腿就有問題，所以牠只能一跛一跛地走路。小男孩聽完說：「我要買這隻小狗。」

店主回答說：「其實，你可以不用花錢，如果你真的想要牠的話，我就把牠送給你好了。」

小男孩不但不高興，還很生氣地對店主說：「我不需要你送給我，那隻狗和其他狗的價值是一樣的。我現在就付十塊錢給你，以後每個月付你十塊錢，一直到付完為止。」

店主苦口婆心地勸小男孩：「你根本不用買這隻狗，牠不可能像別的狗那樣又蹦又跳的陪你玩。」

聽了店主的話，小男孩彎下腰，捲起左褲管，露出嚴重畸型的左腿，靠一個大大的金屬支架撐著。

小男孩輕輕地對店主說：「我自己的腿也不好，那隻小狗需要有一個能理解牠的主人。」

據說釋迦牟尼在說法的時候，曾經拿著一朵花面對眾弟子，一句話也不講。所有的弟子都不曉得釋迦牟尼要表達的是什麼，只有迦葉一個人會心的一笑，於是釋迦牟尼就把衣缽傳給了迦葉。

由這一段關於禪的故事，可以知道溝通的最高境界，就是「盡在不言中」。

要達到這種境界，關鍵就在於要能保持一顆敏銳的心。

也許不是每個人都能在生活中與別人達到「拈花微笑」的溝通層次，但是，

只要願意放下自我，真心的去理解別人，在一次一次減少衝突的過程中，良好的

溝通默契自然會逐漸形成。

# 得不到的，不一定是最好的

與其為了那些得不到的虛幻事物而不快樂，不如轉而相信自己得到的就是最好的。這樣一來，你的每一天才會充滿著快樂。

很多夫妻在吵架的時候，都只看到對方的缺失，卻看不到對方的優點，因而出現尖酸刻薄的對話。

這種只知道傷害對方的對話，不但解決不了問題，還會越演越烈，到最後演變成離婚的情形比比皆是。

其實，當初你不就是認為對方是最適合的另一半，所以才決定結婚的嗎？既然如此，為什麼兩個人在經過一段婚姻生活後，原來互相吸引的優點卻蕩然無存，

反而會產生出許多感嘆和埋怨？

追根究底，或許是因為「得不到的，永遠最好」的心態在作祟吧。

有一則寓言故事，似乎可以說明這種心態。

有一個人天天向上帝禱告，祈求上帝讓他的願望實現。

上帝聽見了他的祈禱，於是出現在他面前，拿出兩個蘋果代表他祈求的兩個願望，讓他選擇要實現哪一個。

這個人考慮了很久，終於下定決心，選擇了代表他認為自己最希望實現的願望的那個蘋果。

上帝微笑著答應了他的願望，就在他接過蘋果，轉身離去的那一剎那，他突然後悔，想跟上帝調換成另一個蘋果。

但是，當他轉身回頭時，上帝已經不見了。

結果，雖然上帝實現了他的一個願望，但他還是整天想著他失去的那個願望，

悶悶不樂地過了一生。

人總是對得不到的東西抱著過多而不切實際的期待，以致於忽略了自己已經擁有的東西。

這種人從來沒想過，自己所擁有的，也許正是別人想要卻得不到的；而且，那些得不到的東西，其實根本沒有想像中那麼好，也許只是自己一廂情願去美化它而已。

所以，與其為了那些得不到的虛幻事物而不快樂，不如轉而相信自己得到的就是最好的。

這樣一來，你的每一天才會充滿著快樂，不至於為了那些無謂的小事痛苦。

## PART

# 何不換個心境
# 面對人生？

海倫·凱勒曾說：
「如果一個人從他的庇蔭所被驅逐出來，
他就會去造一所塵世的
風雨所不能摧殘的屋宇。」

# 憤怒是情緒的地獄

所謂的控制，並不表示必須壓抑自己的情緒，而是以理智的言行抒發、表達自己的意見。

憤怒不但會影響一個人的人際關係，也會影響到一個人的健康。

一個容易發脾氣的人，除了很難受到別人歡迎之外，也等於直接告訴別人，自己是個不成熟的人。

從前，有一位名叫重信的武士，曾經前去向著名的白隱禪師請教。

武士問禪師說：「請問，是不是真的有地獄和天堂？如果真的有的話，您能不能帶我去參觀？」

白隱禪師聽完，問他：「你是做什麼的？」

武士回答：「我是一名武士。」

「你是一名武士？」禪師大聲地說：「你這個樣子還能當武士？有哪個愚蠢的諸侯會希望你成為他的家臣？看看你的外表，簡直就像個討飯的乞丐！」

「你說什麼？」重信一聽到禪師充滿侮辱的批評，忍不住怒氣上湧，立即伸手拔出腰間的刀指著禪師，大喝道：「你剛剛說的話，有本事就再說一次！」

禪師繼續火上加油地說：「我不相信你敢殺我，你才沒有那個膽子！」

重信勃然大怒，「鏗」的一聲就往白隱禪師身旁砍去。

這個時候，禪師神色自若地看著重信說：「現在的你，就是置身在地獄！」

剎那間，重信明白禪師並不是故意侮辱他，恢復了理智，覺察到自己的冒失無禮，連忙收起刀，謙卑地向白隱禪師道歉。

白隱禪師這才溫和地對重信說道：「現在的你，就是身處於天堂！」

要想維持和諧的人際關係，控制自己的情緒是很重要的。

但是，所謂的控制，並不表示必須壓抑自己的情緒，而是以理智的言行抒發、表達自己的意見。

在憤怒情緒中所做的決定，往往會在怒氣過後感到後悔。

所以，為了避免錯誤的決定所造成的遺憾，我們必須隨時提醒自己保持冷靜及平和的心情，那麼，久而久之，就能慢慢變成一種習慣了。

# 心情樂觀就能渡過難關

二十世紀最偉大的發明家愛迪生曾說：「不管環境變換到何種地步，我的初衷與希望仍不會有絲毫的改變。」

從心理學而言，感到絕望與對令人絕望的狀況有所了解，是兩種完全不同的心理狀態。

後者是客觀地認識自己所處的情勢，前者則是無法客觀地審視自己的處境。

所以，當我們感到絕望時，只要能設法弄清楚局勢，不但能使心情樂觀，還可以讓自己走出絕望之外。

第二次世界大戰爆發前，國際政治局勢充滿濃烈的火藥味。

由於戰爭已經到了一觸即發的局勢，有位英國政府官員驚慌地對首相邱吉爾說：「我認為事情已經到了完全絕望的地步。」

邱吉爾聽完卻若無其事地說：「不錯，是已經到了無以復加的絕望地步。」

但他接著又說：「不過，面對這樣緊張的局面，我覺得自己似乎年輕了二十歲。」

許多人陷入絕望狀態時，總是想盡辦法逃避，但是，邱吉爾卻選擇面對、接受，即便再絕望的情況，他也能用樂觀的心情加以面對、讓自己充滿奮鬥的精神。

二次世界大戰結束後，邱吉爾的生活由絢爛歸於平靜，有一次他應邀到劍橋大學為畢業生致辭。

那天，他坐在貴賓席上，頭戴一頂高帽，手持雪茄，一副優游自在的樣子。

經過隆重的介紹之後，邱吉爾走上講台，兩手抓住講台，認真地注視著觀眾不發一語，大約有二分鐘之久。

然後，他才開口說：「永遠，永遠，永遠不要放棄！」接著又是一陣靜默，

然後他又再一次大聲重複說：「永遠，永遠，不要放棄！」

這是歷史上最簡短的一次演講，也是邱吉爾最膾炙人口的一次演講，不過，

這些都不是重點，重要的是你聽進邱吉爾「永遠不要放棄」的忠告了嗎？

做任何事一旦半途而廢，不管你前面付出了多少，立刻都會化成一陣白煙消

失不見，經不起任何風吹雨打及考驗的人，根本別想獲得勝利。當你聽到邱吉爾

這番話時，你能感受他的力量，從而給自己一點堅持的勇氣嗎？

二十世紀最偉大的發明家愛迪生曾說：「不管環境變換到何種地步，我的初

衷與希望仍不會有絲毫的改變。」

只要你記得，不到最後關頭絕不言放棄，堅持不懈的努力，你才會獲得人生

中最美味的果實。

# 有機會遇上逆境也是一種幸福

愛因斯坦曾說：「通向人類真正的偉大的道路只有一條，那就是苦難的道路。」

在人生旅程中，並不是每一種我們所遭遇到不幸都是災難。

只要我們以堅定的心情去面對人生中無法避免的災厄，很多時候，逆境就會變成是另一種的祝福。

古希臘時代，雅典城有一個名叫基里奧的奴隸，很有藝術的天份。一天，他

正在創作的時候，希臘官方竟頒佈了一條法律，規定奴隸若是從事藝術創作，就要判處死刑。

這項法令無疑宣告基里奧的創作生命死亡了，因為他已經把整個生命和靈魂都投入在他的雕塑作品上。

基里奧的姐姐聽到了這項法令，和她的弟弟一樣，心中也感受到巨大的打擊。

但是，她鼓勵著基里奧說：「你搬到我們房子下面的地窖去創作，一切生活上的需要，我都會供應你，你不必擔心，好好去做你想做的工作，我相信上帝會保佑我們。」

從此以後，基里奧在姐姐保護和協助下，日以繼夜地進行著危險的藝術創作。

不久，雅典舉行了一個藝術展覽會，由身兼政府要員的藝術家波力克主持，希臘當時最著名的雕塑家菲狄亞斯、哲學家蘇格拉底，以及其他有名的大人物都參加了。他們發現，在展覽作品中，有一組雕塑特別突出、耀眼，比其他作品都要出色。

這組大理石雕塑吸引著了所有人的注意，藝術家們都同聲讚嘆。波力克於是

問道：「這是誰的作品？」

但沒有人應聲，波力克又重複問了一次，還是沒有人回答。

在一片靜默中，忽然有一個少女被士兵拖了出來。

這個少女緊閉著嘴，眼中閃爍著堅定的神情，拖著她的士兵向波力克報告：

「她知道這個雕塑的來源，但是她堅決不肯說出雕塑者的名字。」

士兵一再追問，但是少女仍然不說話，士兵恐嚇她再不說話就會被懲處，但是她還是緊閉著嘴巴。

波力克見狀，說道：「那麼，就把她關進地牢去。」

就在這時，一個滿頭長髮、面容憔悴，奴隸模樣的年輕人衝到面前哀求說：

「求你放了她吧，是我，那組雕塑是我的作品。」

這時，現場的人鼓噪了起來，紛紛高聲呼喊著：「處死他！該死的奴隸！」

但是，波力克站了起來，說道：「不！只要我還活著，就要保護那組雕塑！雅典之所以能聞名世界，那就是因為她對不朽藝術的貢獻，這位年輕人不應該處死，而應該站在我的身邊！」

法律最崇高的目標就是要保護和發展美好的事物。

隨即，波力克命令助手把手裡的桂冠戴在基里奧頭上。

愛因斯坦曾經這麼說：「通向人類真正的偉大的道路只有一條，那就是苦難的道路。」

我們所要面對的，除了發生在我們身上的每一件事之外，還要留意我們所要做出的反應是不是會造成自己和別人的傷害。

生活中無法迴避的困難會教導我們，應該以堅定的心情去迎接未來，縱使是在極為困難的處境中，也要保持自己的精神力量。如此一來，不僅可以超越痛苦和環境，更可以從體現的價值中，激勵、鼓動我們的生活。

# 勇敢面對失敗的考驗

詩人布萊克說：「水果不僅需要陽光，也需要涼爽的夜晚和寒冷的水才能成熟，人生不僅需要成功的歡樂，也需要失敗的考驗。」

很多成功的人士都有過身處逆境的經驗，最後也都憑著堅強的鬥志戰勝眼前的逆境。

人生有時就像一場牌局，不論好壞，紙牌就在你手上，就等你運用智慧打一場漂亮的勝仗。

齊曼在一九八四年受命出任可口可樂公司總經理，當時的可口可樂公司面對百事可樂步步進逼，情況甚為蕭條，因此，公司對他寄予厚望，希望靠他的營銷長才扭轉乾坤，一掃頹敗局面。

齊曼擬定的經營戰略是從改變可口可樂的配方著手，向市場推出全新口味的「健怡可樂」，然後搭配強勢行銷廣告，希望藉此取得轟動效果，一舉拉抬銷售量。

不過，他卻犯了一個致命的錯誤，在推出新配方的健怡可樂之時，卻沒有持續讓舊配方的可樂上市。

結果，強調新口味的健怡可樂完全打不進市場，這讓原本就下愈況的可口可樂公司猶如雪上加霜，銷售額直線下降，短短七十九天之後，舊配方可樂被迫以「古典可口可樂」為名，緊急重新回到超級市場的貨架上。

一年之後，齊曼黯然離開了可口可樂公司。

這對齊曼來說，無疑是一次巨大的挫敗，它不僅僅使齊曼蒙羞受辱，還徹底損害了他多年以來苦心塑造的個人形象。

但是，齊曼並沒有因此而一蹶不振，他離開可口可樂公司後，終日閉門苦思未來要走什麼道路，有長達十四個月的時間不曾與外界的人說過一句話。

當時，齊曼的心境十分孤獨，但他並不沮喪消沉，後來，他與友人合資開了一家諮詢公司。

他在亞特蘭大簡陋的地下室中辦公，憑著一台電腦、一部電話和一台傳真機，為微軟公司等客戶提供諮詢服務，就連可口可樂公司也曾來向他尋求建議。

七年之後，齊曼終於東山再起，重新回到可口可樂公司，為可口可樂再創輝煌的銷售紀錄，也幫助公司改進經營管理。

對於這段歷程，可口可樂公司董事長羅伯特・戈塔事後感慨地說：「我們由於不能容忍錯誤而喪失競爭力，現在我們終於明白，一個人只有在不斷前進的過程中，才有機會摔倒。」

英國詩人布萊克曾經這麼說：「正如水果不僅需要陽光，也需要涼爽的夜晚

和寒冷的水才能成熟，人生不僅需要成功的歡樂，也需要失敗的考驗。」

假如你不曾失敗過，那麼，就應該體驗一下失敗的滋味，如此才能積累更成功的資本。

人生的遊戲不在於是否拿到了一副好牌，而是要知道如何將一手爛牌打好，這個世界從來都沒有所謂的「常勝軍」，只有勇於超越自我的成功者。

# 成功和失敗都不可能單獨存在

日本作家松本順寫道：「失敗永遠是使人奮發向上的跳板，只有這樣認識失敗，而又能努力不懈的人，才是前途光明的人。」

候，通常也是站在另一個成功的起點。

每當一個人有所得的時候，同時也必然有所失，相對的，當他遭遇失敗的時

成功和失敗都不可能單獨存在，而是彼此相依相存的。

一九三八年，本田宗一郎變賣了所有家當，全心全力投入研發更精良的汽車

火星塞。他日以繼夜地工作，累了就倒頭睡在工廠，終日與油污為伍，一心一意只期望能早日把產品製造出來，好賣給豐田汽車公司。

他全心全力投入，甚至變賣了妻子的首飾，總算產品完成了，並送到豐田公司審核。

豐田公司審核品質後，卻評定產品不合格而將它退回。

但是，本田宗一郎並不氣餒，為了得到更多的相關知識，他重回校園苦修兩年，雖然他的設計經常被老師或同學們嘲笑，但他一點也不以為苦，咬緊了牙關往自我期許的目標前進，終於在兩年後取得了豐田公司的購買合約，完成他長久以來的心願。

當時，正處於第二次世界大戰期間，日本政府禁止民間買賣軍需物資，此外，戰爭期間，本田宗一郎工廠也免不了遭受美國空軍轟炸，還毀掉了大部分的製造設備。

不過，本田宗一郎在這樣的困境中，還是毫不灰心地找來一批工人撿拾美軍飛機所丟棄的炸彈碎片，他還戲稱那些是「杜魯門總統送的禮物」，把它們變成

本田工廠製造用的材料。

第二次世界大戰結束，日本又遭逢嚴重的汽油短缺，本田宗一郎又他想出了新點子，試著把馬達裝在腳踏車上，他知道如果成功了，這樣新的交通工具，大家一定會搶著要。

果不其然，他裝了第一部之後就再也沒有停下來了，直到所有的馬達都用光了。這時他想，不如再開家工廠，專門生產他所發明的摩托車，但是有一個難題，遭逢幾次天災人禍，他手上已經沒有任何資金可以運用。

最後，他想出一個辦法，求助於日本全國十八萬家的腳踏車店，挨家挨戶的解說他的新產品，讓他們明白產品的特色和功能，結果讓他說服了其中的五千家，也湊齊了所需的資金。

時到今日，本田汽車已經成了日本最大的汽車製造公司之一，在世界汽車行業也佔有一席之地。

本田汽車能有今天的成就，全靠本田宗一郎始終不變的決心和不畏艱難的毅力。

日本作家松本順曾經在著作中如此寫道：「失敗永遠是使人奮發向上的跳板，只有這樣認識失敗的意義，而又能努力不懈的人，才是前途光明的人。」

有失敗才會成功，能成功就一定曾經失敗，這是成功的定律。

如果你問一個一帆風順的人，是否覺得現在很成功，相信他一定會回答你：

「不就這樣，沒什麼好或不好。」

但是，要是你問一問名人們成功的過程，相信他們會異口同聲的告訴你：「其實，我也辛苦過好久。」

因為失敗，你才會懂得珍惜成功，當你知道成功和失敗原來是相輔相成的最佳拍檔，就不會再害怕失敗！

# 有著燃燒的熱情，才能不斷成長

巴爾札克在《山間的百合》裡寫道：「熱情就像是熊熊的火焰，是一切的原動力！有無比旺盛的熱情，才可能持續偉大的行動。」

真正成功的人士總是虛懷若谷，知道自己是一個尚未裝滿的瓶子。正因為還沒裝滿，所以他們非常用心尋找生活中的每一個學習機會，隨時聽取別人的建議。

反觀我們呢？是不是常常只完成了一件小事，就志得意滿，不屑別人的意見？

人生想過得多采多姿，並沒有什麼特別秘訣，只要謙沖為懷，隨時保持學習的熱情，就不會失去成功的機會。

曾在紐約市戴爾‧卡耐基學院任職的激勵作家齊格，在授課時認識了一位十分傑出的推銷員埃德‧格林。當時，埃德‧格林已經六十歲了，年收入大約有三十五萬美元。

有一天晚上下課後，齊格和格林聊天。

他直率地問格林，為什麼要來卡耐基學院上課，因為所有老師的薪水加起來也比不上他。

格林笑著述說自己小時候的一則小故事。

當格林還是一個小男孩的時候，有一次和爸爸到後院的菜園裡，他的爸爸是個非常專業的園丁，相當熱愛在園子裡耕作，常常為自己的收成而開心不已。

當他們整理完菜園後，他的爸爸問他從中學到了什麼。

格林回答說：「我只知道爸爸非常用心在經營這片菜園。」

但是，對於這個回答，他的爸爸有些不滿意，他說：「兒子，我希望你能夠學會觀察，當這些蔬菜還青綠時，它們仍在生長；一旦它們成熟了，你就會發現它們已經開始腐爛。」

埃德・格林講完這個故事後說：「我一直沒有忘記這件事，我來這裡上課，是因為我想讓自己保持成長。」

他並向齊格說，他從這些課程學會了一些東西，而且完成了一筆生意，那個是他花了兩年多的時間試圖完成的交易，他相信這些付出的錢，都將會加倍的回收，所以非常值得。

法國文豪巴爾札克曾經寫道：「熱情就像是熊熊的火焰，是一切的原動力！

有無比旺盛的熱情，才可能持續偉大的行動。」

你是否對生活充滿熱情呢？有沒有像埃德・格林一樣，保持生活中學習的熱情，讓自己不斷成長？

努力吸收養分，認真充實自己，如果你一直保持追求成長的熱情，那麼就算你只是抬頭望了望天空，也會從任何飄過的流雲中得到生命的啟發。

# 何不換個心境面對人生？

海倫·凱勒曾說：「如果一個人從他的庇蔭所被驅逐出來，他就會去造一所塵世的風雨所不能摧殘的屋宇。」

看待它們。

除了臨死前積蘊在心中的遺憾外，還有什麼是生命中不能承受的？

其實，人生的意義不在於生命流程到底發生了多少悲慘的事情，而是你如何

在一次飛行意外事故中，飛行員米契爾身受重傷，而且身上百分之六十五以

上的皮膚都被燒壞了。

為了治療，他總共動了十六次手術，才撿回一條命。

但是，手術之後，他既無法拿起叉子，無法撥接電話，也無法一個人上廁所。

儘管如此，米契爾仍然堅定地告訴自己，他不能就此被打敗，他不斷激勵自己說：

「我絕對可以掌握自己的人生，我可以把目前的狀況看成是一個起點。」

奇蹟出現了，六個月之後他竟然又能開飛機了。

重新開始的米契爾，在科羅拉多州買了一幢維多利亞式的房子，另外也買了房地產、一架飛機及一間酒吧。

後來，他更和兩個朋友合資開了一家公司，專門生產以木材為燃料的爐子，這家公司後來變成佛羅里達州第二大私人公司。

沒想到，就在米契爾開辦公司後的第四年，在一次飛行途中，飛機再次出了狀況，這次把他的脊椎骨全壓得粉碎，腰部以下永遠癱瘓。但米契爾仍不屈不撓，努力讓自己的生命有所突破。

後來，他憑著堅韌的毅力，不但選上了科羅拉多州某個小鎮的鎮長，後來還

競選國會議員，也拿到了公共行政碩士學位，並持續他的飛行活動、參與環保運動及公開巡迴演說。

某次演說時，米契爾相當感性地對台下的聽眾說道：「我癱瘓之前可以做一萬件事，現在我只能做九千件，或許我可以把注意力放在哀歎我無法再做的一千件事上，但是，我選擇把目光放在我還能做的九千件事上。」

海倫‧凱勒曾說：「信心是一種心境，有信心的人不會在轉瞬間就消沉沮喪。

如果一個人從他的庇蔭所被驅逐出來，他就會去造一所塵世的風雨所不能摧殘的屋宇。」

米契爾的人生遭受過兩次重大災厄，但是，他從不把災厄拿來當放棄努力的藉口，他的故事提醒我們，人其實可以用另一個角度，來看待一些讓自己灰心沮喪的經歷。

我們可以退一步想想自己還可以做什麼，然後我們就會充滿勇氣地說：「過

去那些不幸遭遇，其實沒什麼大不了的！」

不管事情如何轉折，重要的是你怎麼看待。

人生就像坐在旋轉木馬上，儘管每轉一圈，眼睛所看到的景物都一樣，但是，心境不同就會有不同的感受與領悟。

生命的態度也是如此，不管事情怎麼發生，只要你堅持你的目標，清楚知道自己將怎麼前進，就算其中某一個夢想幻滅了，你也能夠沉穩地往前走你下一步的未來。

# 只有過人的能力才能讓你東山再起

福特汽車的創辦人亨利‧福特說：「在這個世界上，唯一可以保障你的，就是你的知識、經歷和能力。」

很多人只會注意到機會的有無，反而忽略了自己能力的提昇。

其實，只要是有能力、有實力的人，不放棄自己，肯努力爭取，機會就能隨時出現。

一九七八年，李‧艾柯卡莫名其妙地被福特汽車公司的董事長福特二世解僱

了。

艾柯卡出任福特公司的總經理之後，曾為福特公司創造輝煌的業績，當時他正率領著福特公司全體員工，不斷地銳意革新，準備要和通用公司一拼高下。但是，福特二世發現艾柯卡的地位和威信與日俱增，開始威脅到他的領導權威，於是突然宣佈解除艾柯卡的總經理職務。

突如其來的變化使艾柯卡一下子從山頂摔到了地面，陷入個人生涯事業的最低潮。

還好艾柯卡的經營管理能力，早就眾所皆知，他憤而離開了福特公司，應克萊斯勒汽車公司邀請出任總裁。於是，他站在起跑線上，再次重新出發。

儘管當時的克萊斯勒公司處於最嚴重的營運危機之中，連許多政府官員都預測，克萊斯勒公司就快要破產。

但是，艾柯卡卻憑著自己的才能和衝勁，率領全體員工努力奮戰，他勉勵著所有員工說：「只要我在，公司就不會倒！」

終於，艾柯卡反敗為勝，使克萊斯勒浴火重生，擺脫了虧損局面，漸漸提高

市場的佔有率，更提前把七年的貸款都還清了。克萊斯勒的浴火重生，讓艾柯卡再一次贏得了各界的讚譽和名聲，也讓他重登事業的巔峰，這全靠著他的積極行動所獲得的成果。

福特汽車的創辦人亨利‧福特說：「在這個世界上，唯一可以保障你的，就是你的知識、經歷和能力。」

想要在這個競爭劇烈而又變幻莫測的時代出人頭地，毫無疑問的，一定要擁有過人的本事。

能力不是一天就能培養起來，必須靠著日月的累積。如果你不想錯過任何機會，那麼就要把自己變成擁有實力的人。

人生的成敗全看你的能力，只要具備了過人的能力，不管走到哪裡，就一定會得到重用，即使失敗了，過人的能力也能讓你迅速地「東山再起」。

# 別把自己限在框框裡

提昇自己的唯一方法，就是經常給予自己新的刺激，擴展自己的視野，別讓自己因為小小的成果而志得意滿。

一旦達到了某些目標，人很自然地就會停下來享受努力的成果。

雖然，偶爾停下來休息的確可以補充繼續前進的能量，但是，如果休息的時間太久，那麼前進的能量也會在休息中被慢慢消耗掉，因而讓自己失去繼續前進的動力了。

/ 079 /

有一位禪師給徒弟一塊石頭，要他帶去菜市場叫賣。禪師對徒弟說：「不要賣掉它，多聽聽那些人的開價，看看這塊石頭能賣多少錢。」

徒弟乖乖地依照禪師的吩咐去了。在菜市場，有不少人向徒弟開價表示願意買這塊石頭，但是所有人出的價都只不過是幾個硬幣而已，於是，徒弟回來後便對禪師說：「這塊石頭最多只能賣幾個硬幣。」

禪師對他說：「現在你去珠寶商那裡，問問看這塊石頭值多少錢。」

於是，徒弟又乖乖地去找了珠寶商。到了珠寶商那裡，徒弟簡直不敢相信，因為竟有人出價五萬元！

徒弟不願意賣，珠寶商又繼續抬高價格，從十萬、二十萬一直出到三十萬，徒弟仍然聽從禪師的叮嚀不賣。最後，珠寶商狠下心說：「你要多少就多少，只要你願意賣給我！」

徒弟實在不敢相信這塊石頭能值那麼多錢，他一直認為，菜市場開出的價格就已經很高了。

徒弟回來跟禪師稟報這個情形，禪師說：「你現在應該知道，不斷提昇自我

的價值以及對事物的判斷力是很重要的。如果，你只願意生活在菜市場，那麼你
永遠就只有菜市場的視野和想法，而不會擁有更高的價值。」

運動員不練習，他的成績就會退步；畫家不練習，他的技巧就會開始生疏，
由此可知，許多能力都是得靠持續不斷地練習才能保持的。

雖然持續地練習不一定保證自己能有所突破，但如果就此停止，那麼絕對連
原有的成就都會無法維持。

因此，提昇自己的唯一方法，就是經常給予自己新的刺激，擴展自己的視野，
別讓自己因為小小的成果而志得意滿。

# PART

## 看法會決定你的做法

皮爾博士在《人生的光明面》裡說：
「逆境會使人變得更加偉大，
也會使人變得十分渺小，
它從來不會讓人保持原來模樣。」

# 每一個逆境，都是你磨練的機會

日本作家池田大作在《青春寄語》裡寫道：「成功絕對不是別人賜予的，而是一點一滴在自己生命之中築造起來的。」

回想一下小時候，為了學會騎腳踏車，我們不是常常摔車，而且弄得渾身是傷，但是我們還不是把它學會了？

找回學騎腳踏車時的精神，把每一個逆境都視為考驗，只要克服了困境，你就能因為堅強，而擁有更豐富精釆的人生。

《百年孤寂》的作者馬奎斯，被全球權威文學評論家推選為世界十大作家之首時，曾說了這樣一段話：「我非常感謝文學評論家對我的厚愛，我也非常珍惜這些榮耀，但是，我更珍惜創作過程所受的各種打擊、挫折和失敗。至今我仍然清楚地記得偉大的編輯家德託雷先生，要不是他毫不留情地退回了我的第一部小說，我就不會有如今的成就……」

原來，馬奎斯二十二歲時，完成了第一部小說《獨裁者的秋天》，這是一本現今各文學評論家評價非常高的作品；可在當時，這部書稿卻屢遭退稿的命運。

有一次，當他把書稿送到阿根廷著名的洛柯達出版社後，不久便收到該社審稿的編輯，西班牙著名文學評論家德託雷寄來的退稿，其中還附了一張嚴峻批評：

「此書毫無價值，甚至在藝術上也無可取之處。」

這位偉大的編輯家還給他一個相當刻薄的忠告，建議馬奎斯最好改行，從事其他工作，免得浪費生命。

受到這樣嚴厲的批評，相信一般人會因而放棄，甚至會罵德託雷太狂妄高傲了，但馬奎斯在榮獲十大作家之首時，卻是非常誠懇的讚美德託雷是個偉大的編

輯。

因為，要不是德託雷的嚴厲批評，馬奎斯就不會有今天這麼偉大的成就。這次退稿，反而讓馬奎斯更積極磨練自己，因為他不服氣，儘管面對重重的挫折和失敗，仍然咬緊牙關持續創作，終於榮登世界文學的最高峰，成為世界級的大師，也得到諾貝爾文學獎殊榮。

日本作家池田大作在《青春寄語》裡寫道：「成功絕對不是別人賜予的，而是一點一滴在自己生命之中築造起來的。」

每一個跌倒，都要把它當作成功之前必經的磨練。

小時候騎腳踏車跌倒，我們可以拍拍屁股繼續練習，現在遭遇失敗挫折，不也應該保有這種精神。

不一定是準備成為世界級的人物，才需要這樣的堅強，要記住，每一種困境都是你磨練的機會，越是嚴苛的考驗，越能讓你有不平凡的磨練和啟發。

# 你也可以戰勝生命中的暴風雨

義大利作家梅塔斯塔齊爾曾經寫道：「一棵纖弱的灌木，雖然在暴風雨中屈身地搖晃，但它最終能戰勝暴風雨。」

許多成就不凡事業的成功人士都提醒我們：災難是人試金石，困難是人生的教科書。

確實如此，不管做什麼事情，只要你勇敢面對，堅持不懈，保持積極的態度

向前邁進，目標就一定會實現！

當代激勵大師安東尼・羅賓在某次演說中談及如何面對挫折時，曾講了一個朋友在一次滑雪比賽中，體驗到一個深刻的經驗。

這位住在明尼蘇達州的朋友一時興起買了滑雪板，隨即就報名參加滑雪訓練，後來還參加一次高難度的滑雪比賽。

在這次比賽當中，開始時他滑得很順利，速度快而且俐落而漂亮，但是，就在他滑了四分之一之後，開始覺得有點力不從心。他眼睜睜地看著別人輕輕鬆鬆從身邊滑過，不一會兒工夫，一大片雪地上就只剩下他一個人，孤零零地在冰天雪地裡吃力地滑著，這時候他整個心裡充滿挫敗感。

他本來打算要用兩個小時滑完全程，但嚴寒的風雪刺痛了全身，體力也消耗得差不多，四肢無力的他，開始萌生放棄的念頭。

偏偏身處偏僻的深林裡，加上積雪相當寒冷，他只能把這個念頭暫時擱置，先努力滑到終點再說，於是他就這樣支持了下去。

在這個過程中，他一直幻想著，期望路旁會有散發著溫暖熱氣的小木屋出現，或是希望有輛急救車突然出現，推開積雪把他帶走。當然，這些都是空想而已，

但是就這樣想著、滑著,他終於硬著頭皮滑完了全程,而且時間跟預期的差不了多少。

安東尼‧羅賓說,這朋友對自己的這件事總是津津樂道,而且每次都講得口沫橫飛。因為,這件事給了他一個認識自己的機會,更給了他一個努力堅持而得到勝利的美好記憶。從此之後,他在生活中不管碰到任何艱難險阻,都不再害怕、退縮了。

義大利作家梅塔斯塔齊爾曾經寫道:「一棵纖弱的灌木,雖然在暴風雨中屈身地搖晃,但它最終能戰勝暴風雨。」

生命中的暴風雨其實並不可怕,只要你肯挺身勇敢面對它,就可以戰勝它。

只要你經歷失敗挫折時,毫不放棄、堅持不懈,當你通過了這個考驗,累積了這個艱苦的經驗,品嚐過了付出後的甜美豐收,往後任何失敗和困難,你都會覺得輕鬆簡單,不再輕易放棄。

# 只要堅持下去，事情一定會有轉機

法國文豪巴爾札克說：「苦難對於一個天才是一塊墊腳石，對於能幹的人是一筆財富，而對於庸人卻是一個萬丈深淵。」

任何苦難，都一定會有盡頭。

如果，你可以回想到最難過的曾經，那就表示那個「曾經的苦難」已經走過去了，就像電視劇一樣，不管播了幾百集，一定會有第一集的開始，自然也會有最後一集的大結局。

只要能堅持下去，事情就一定會有個結局，同時還會接著播映另一個好開始。

著名的體育播報員羅納德經常鼓勵失敗的人：「只要堅持下去，有一天情況總會好轉。」

這是因為，每當他感到失意沮喪的時候，他的母親便會適時對他說：「如果你堅持下去，總有一天，你一定會等到好運氣和機會降臨，而且，到時候你會知道，如果沒有經歷過失望，你不會有這個成功的機會。」

母親的這番話，在他大學畢業後員的實現了。

當時，他希望能進到電台工作，成為一位體育播報員，於是從伊利諾州搭了便車千里迢迢前去芝加哥，親自拜訪每一家電台，但每次都碰了一鼻子灰。

在拜訪的過程中，有一家電台的廣播小姐和氣的告訴他，大電台是不會冒險僱用一名毫無經驗的新手。「去找家小電台試試，或許那裡的機會比較大。」她勸告羅納德說。

於是，他又搭便車回到了伊利諾州的迪克遜，但是仍然沒能如願，失望之情從他臉上一看就知。

「最好的機會總會到來。」這時，母親提醒他說。

於是，他再度出發，試了愛荷華州達文波特的WOC電台。

節目部主任是位很不錯的蘇格蘭人，名叫彼特‧麥克阿瑟，但他說他們剛新聘了一名播音員。

於是，羅納德便帶著非常失望和沮喪的心情離開他的辦公室，此時，他受挫的鬱悶一下子發作了起來，大聲地說：「我要是不能在電台工作，如何能當一名體育播音員呢？」

當他在等電梯時，突然聽到麥克阿瑟的叫聲：「請問，你剛才說什麼體育？

你懂得橄欖球嗎？」

羅納德點了點頭。接著麥克阿瑟讓他站在一個麥克風前，要他憑想像力播報一場比賽。於是，羅納德開始播報前年秋天，他參加的橄欖，在最後二十秒時以一個六十五碼球擊敗了對方……隨後麥克阿瑟告訴他，他將開始播報星期六的一場比賽。

在回家的路上，他想起了母親的話：「只要你堅持下去，總有一天你會遇上好運，並且你會明白有了這些挫折和堅持，生命裡會有很多希望和機會將發生。」

不要因為事情不如預期而感到痛苦，只要一步一步往自己設定的目標前進，就能位自己創造奇蹟！

不要畏懼前面的道路有什麼艱難，多給自己多一點信心和勇氣，展開實際行動，永遠比灰心喪氣還有用。

法國文豪巴爾札克說：「苦難對於一個天才是一塊墊腳石，對於能幹的人是一筆財富，而對於庸人卻是一個萬丈深淵。」

有人在厄運和不幸面前從不屈服，也不退縮，更不動搖，會頑強地和命運抗爭到底。

因而，他們能在重重的困難中，衝開一條通向勝利的路，成為征服困難的英雄，同時也是一個掌握自己命運的主人。

# 立志當珍珠，不要當沙子

作家A・芭芭耶娃在《人和命運》裡說：「不必誇耀自己擁有什麼才能，關於這一點，別人要比我們看得清楚。」

你還在責罵全世界的不公嗎？不如先反省自己吧！

不要只會抱怨別人，也不要只知埋怨環境不公，人生的機會其實很多，但只給肯腳踏實地的人。

有個年輕人在學校的課業成績很好，但是畢業後卻屢屢碰壁，一直找不到理

想的工作。

他總是抱怨自己懷才不遇，對社會感到非常失望，抱怨政府無能，責怪老闆

現實，對大環境既傷心又絕望。

有一天，這個年輕人懷著痛苦的心情來到海邊，打算就此結束自己的生命，

當他走入海裡即將被海水淹沒的時候，一個老漁夫把他救了起來。

老人問他為什麼要走上絕路。

年輕人忿忿不平地說：「我得不到別人和社會的肯定，沒有人能欣賞我，覺

得活在這樣的世間根本就沒有意義！」

這時，老漁夫從腳下撿起了一粒沙子，讓年輕人仔細的看了一會兒，然後隨

手扔到地上，接著對他說：「請你把剛才扔在地上的那粒沙子撿起來吧！」

「這哪有可能！」年輕人瞪大了眼，低頭看了一下說。

老漁夫沒有回應，從口袋裡拿出一顆白皙明亮的珍珠，扔到了沙灘上，然後

對年輕人說：「你能把這顆珍珠撿起來嗎？」

「當然能！」年輕人以為老漁夫是在跟他開玩笑。

這時，老漁夫認真地說：「你明白問題所在了吧？現在的你，還不是一顆光彩耀人的珍珠，當然不能期望別人馬上肯定你。想讓別人看見你，你就要想辦法讓自己成為一顆珍珠才行。」

年輕人點了點頭，若有所思低頭不語。

作家Ａ・芭芭耶娃在《人和命運》裡說：「不必誇耀自己擁有什麼才能，關於這一點，別人要比我們看得清楚。」

任何一個人，一開始都必須知道自己只是顆普通的沙粒，而不是價值連城的珍珠，想要出人頭地，就必須先累積自己的資本才行。

想要讓自己像珍珠一樣，就得不斷提高自己的能力和價值，認真紮實地累積，當你成為一顆渾圓又光亮的珍珠，就算你身藏再深的海底，也一定有人會潛到深海將你尋找出來。

# 看法會決定你的做法

皮爾博士在《人生的光明面》裡說：「逆境會使人變得更加偉大，也會使人變得十分渺小，它從來不會讓人保持原來模樣。」

不可否認的，一些外在的因素常常會影響一個人的命運，但是，一個人的命運主要還是掌握在自己的手中。

每個人都是自己命運的設計師，命運會變成什麼模樣，全在於我們對生命的看法。

艾美是個聰明美麗的女孩，不幸的是，她出生之時，兩腿就沒有骨頭，一歲的時候，她的父母做出了充滿勇氣卻備受爭議的決定，把艾美膝蓋以下的部位截切。從此，艾美一直在父母懷抱和輪椅中生活。

長大後，艾美裝上了義肢，憑著驚人的毅力，她不僅能跑步，還能跳舞和溜冰，還經常到學校或傷殘人士的聚會上演講；她也當過模特兒，常常出現在時裝雜誌的封面上。

希西也是一位知名的殘障人士，然而，和艾美不同的是，希西並非天生就是殘疾，殘廢之前，她還曾經在英國《每日鏡報》的「夢幻女郎」選美賽中，一舉奪后冠。

一九九〇年她到南斯拉夫旅遊時，決定僑居下來。在南斯拉夫內戰期間，她設立難民營，並用模特兒賺來的錢設立基金會，幫助因戰爭而殘障的兒童和孤兒。

不幸的是，一九九三年八月，她被一輛警車撞倒，肋骨斷裂，還失去了左腿。

但是，她沒有被這個不幸遭遇擊垮，反而更加堅強地生活，後來她還到柬埔寨、車臣等地呼籲禁雷，為殘疾人爭取權益。

也許是緣分，希西和艾美某次會見國際著名義肢專家時相識。

如今她們兩個人可說是情同姐妹，雖然肢體不全，但是她們從不覺得這是什麼人生憾事，反而覺得正是這種特殊的人生體驗，給了她們堅韌的意志和生命力。

她們現在使用著義肢，也能行動自如，只要不掀開遮蓋著膝蓋的裙子，幾乎沒有人能看出這兩位美女套著義肢。

許多不知情的人常常稱讚她們：「妳的腿形長得真美，看這線條，看這腳踝，看這腳趾甲塗得多漂亮啊！」

艾美說：「我雖然從小就失去雙腿，但是，我和世界上其他的女性並沒什麼不同，我也愛打扮，也希望自己更有女人味。」

她們幾乎忘了自己的殘缺，人生在她們眼裡是那麼的美好，她們從不怨天尤人，也不覺得痛苦。

當代激勵大師文森‧皮爾博士在他的代表作《人生的光明面》裡說：「逆境

會使人變得更加偉大，也會使人變得十分渺小，它從來不會讓人保持原來模樣。」

在我們的生活當中，有一半的事是好的，一半的事是不好的。如果，你希望能過得快樂，就應該把精神放在這百分之五十的美好事物上面；如果你喜歡憂傷、沮喪，或煩惱得胃腸潰瘍，那麼誰也無法阻止你，你就把精神放在那百分之五十的壞事情上吧！

# 給自己多一點掌聲

蒙田寫道：「我不在乎我在別人的心目中是如何，而是更重視我自己的心目中如何；我要靠自己而富足，不是靠求助於人。」

人要活得充滿信心，才能享受自己的生活，因此每天告訴自己，你是獨一無二的，告訴自己，你就是第一。

每個人都有屬於自己的獨特才能，只要你相信自己，建立自己的信心，世界就會追隨在你的身後。

著名的推銷大王吉拉德，很小的時候就隨父母從義大利搬到了美國，在底特律的貧民區度過了悲慘的童年，生活中的痛苦和自卑，一直是他走不出來的傷痕。

每天必須為生活奔波勞碌的父親，總是告訴他：「認命吧，你是註定得一事無成了。」這種宿命的說法令他十分沮喪，常常想著自己暗淡無光的前程而苦悶悲傷不已。

但是有一天，他的母親卻這樣告訴他：「世界上沒有誰跟你一樣，孩子，你是獨一無二的。」

從此以後，他重燃起了新希望，開始認定自己就是第一，沒有任何人可以比得上自己。

建立起自信的他，也奠定了成功的基礎。

他第一次去面試時，這家公司的秘書跟他要名片，他不慌不忙地遞上一張黑桃 A，這個怪異的舉動讓他得到立即面試的機會。

面試時，經理疑惑地問他：「你是黑桃 A ？」

「是的。」他信心十足地回答說。

「為什麼是黑桃A，不是別的？」

「因為A代表第一，而我剛好就是第一。」

就這樣，他被錄取了。想知道後來的吉拉德嗎？

他真的成了世界第一的推銷員，業績是年銷量一千四百二十五輛車，創造了輝煌的紀錄，不簡單吧！

心理學家分析，這是因為，吉拉德每天睡前都會不斷地對自己說：「我是第一。」這樣的自我暗示，更加堅定了他的信心和勇氣，日積月累之後，他的自然得到了有力的潛移效果。

如何，要不要學學吉拉德的自我激勵方法？就從現在開始，每天多給自己一點激勵吧！

法國思想家蒙田曾在《隨筆》裡寫道：「我不在乎我在別人的心目中是如何，而是更重視我自己的心目中如何；我要靠自己而富足，不是靠求助於人。」

不管別人怎麼看你，不管別人怎麼說你，最重要的是，你就是你，像手上的

指紋，全世界不會有人是一模一樣的情況相同，你就是那樣的獨一無二。

記住，一個連自己都不相信的人，就別指望別人相信，再多人的鼓舞，怎麼

也比不上你給自己的掌聲。

# 不斷學習才能不斷獲得

孟德斯鳩說：「我們接受三種教育，一種來自父母，一種來自師長，一種來自社會。第三種教育與前兩種完全背道而馳。」

有人會認爲，知識和學問是經由讀書獲得的，其實，更重要的學問不在學校或課本，而是經由不斷學習、研究才能獲得。

人應該像海綿一樣，不斷吸收有用的知識，彌補自己的不足。

期末考試的最後一天，一群大四學生在台階上擠成一團，他們正在討論著即

將開始的考試，這是他們畢業前的最後一次測驗，每個人臉上充滿了自信。

有一些人正談論著自己已經找到的工作，另外一些人則談論著他們理想中的工作。他們對這四年來的學習成果相當有信心，都認為自己是最優秀的人才，甚至還可以征服全世界。

考試即將開始，教授告訴他們可以帶任何想帶的書本或筆記，但不能在測驗的時候交談。

學生們高高興興進了教室，教授把試卷發了下來，當他們發現只有五個考題，臉上的笑容更加燦爛。

考試時間結束了，教授開始收卷，但學生們臉上的笑容不再，看起來完全沒有了自信，臉上寫滿了沮喪。教授看著一張張焦急的臉，問道：「五個題目都完成的請舉手！」

竟然沒有一個人舉手。

「那完成四題的請舉手？」

沒想到還是沒有人舉手。

「完成三題的請舉手！」

「寫完兩道題的呢？」

問到這裡，每個學生們焦躁不安地在座位上騷動起來。

「那麼一題呢？有沒有人完成了一題的？」

此刻，整個教室寂靜無聲，於是，教授放下了考卷，對著學生說：「沒錯，這正是我期待的結果。」

這時，有學生頗為不滿地發起牢騷，教授知道他們在想什麼，帶著勉勵而感性的語氣說：「我只是要讓你們留下一個深刻的印象，讓你們知道，即使大家完成了四年的學業，但是在學校和課本之外，仍然有很多東西是你們還不知道的，這些你們不能回答的問題，其實和你們即將面對的未來生活有關。」

他微笑著補充：「放心好了，你們都會順利畢業，但是千萬要記住，即使你們大學畢業了，你們的教育才剛剛開始。」

孟德斯鳩說：「我們接受三種教育，一種來自父母，一種來自師長，一種來自社會。第三種教育與前兩種完全背道而馳。」

畢業前，你們一定聽過這樣的勉勵：「恭禧你們大學畢業了，不過，接下來要進入的社會大學，才是你們真正學習的開始。」

從小我們接受正規的學校教育，有了知識上的學習與累積；當我們慢慢成長，接觸的層面日漸寬廣，我們也開始面對生活裡的現實。

直到進入社會，有了工作，我們的人生才正要開始，任何會遇到的難題或人際上的交流……等等，全都和學校裡遇到的不同，沒有辦法舉例援用。

也許有人幸運一點，能遇到貴人指點，但大多時候，事情都必須靠你自己加以解決，而這就是社會大學的多元性，也是你一輩子都要認真學習的必修課程。

不管你已經畢業還是即將畢業，都要說聲恭禧，你的社會大學即將正式開始。

# 危機就是超越自我的契機

作家亞布杜拉・何塞因說：「所謂的力量，並不是體力的代名詞，真正的力量是肉體與意志結合之後所激發的能量。」

越自我的奇蹟。

生命中的任何危機都是一次挑戰，也是一次難得的機遇。

只要你不被眼前的險境嚇倒，而勇於奮力一搏，相信你就會因此而創造出超

法國某個野外軍用機場，曾經發生一件令人不可思議的奇蹟。

一個艷高照的午后，一位名叫桑尼的飛行員，正神情愉快地用自來水槍清洗他平日駕駛的戰鬥機。

突然，有個人用力拍了一下他的後背，桑尼回頭一看，頓時嚇得面無血色，發出一聲驚叫，因為拍他的竟然是一隻又壯又碩的大灰熊，牠正舉著兩隻大爪，站在他的背後！

這時，桑尼急中生智，迅速把手上的自來水槍轉向大灰熊，不過，也許是用力太猛，在這個緊急的時刻，自來水槍竟然從手中滑脫，而大灰熊則朝著他撲了過來。

這時，桑尼本能地閉上雙眼，使盡了全身力氣，縱身一躍，跳上了機翼，然後大聲呼喊求救。站崗的哨兵聽見了求救聲，連忙拿了衝鋒槍跑了出來，看見了大灰熊，立即朝著牠連開了數槍，不久就將牠擊斃了。

事後，每個人都對桑尼的跳躍能力感到非常困惑，因為機翼離地面最起碼有二公尺多高，桑尼竟然能在完全沒有助跑的情況就跳了上去，簡直是一件神奇的事情。

於是，大家都開玩笑地對桑尼說，不如去當個跳高運動員，必定創造世界紀錄，為國爭光。

在大家慫恿下，桑尼再次嘗試立定跳高，但是做了好幾次試驗，他都沒能再跳上機翼。

作家亞布杜拉·何塞因說：「所謂的力量，並不是體力的代名詞，真正的力量是肉體與意志結合之後所激發的能量。」

身處險境，遇上必須全力克服困難的時候，每個人都會本能地想辦法保護自己、拯救自己，也經常像飛行員桑尼一樣，激發令人難以置信的潛能。

就像許多心理學家一再告訴我們的，大部份的潛能都是在真正遇上困難時才會被激發。

所以，不要害怕遇上困難和挫折，因為有了它們，你才有機會發現自己的潛能，也才能知道，原來沒有什麼事是不可能的。

PART

# 你可以選擇走向
# 不同的人生道路

德國思想家歌德在《感想集》裡寫道：
「能把自己生命的終點和
起點連接起來的人，
是最幸福的人。」

# 任何夢想花園都得靠你親手打造

法國文豪雨果曾說：「我寧願靠自己的力量，打開我的前途，而不願乞求有力者的垂青。」

對於你認為應該做的事，不論理論上可不可行，不論存在著多少艱辛，儘管放手去做，因為，不論做得好或不好，至少你已經往目標踏出第一步。

別再浪費時間了，不如把等待和觀望羨慕的時間拿來行動，你也會有屬於自己的美麗天堂。

有六個高中生前去拜訪費城當地以博學著稱的康惠爾牧師，向他提出請求：

「牧師先生，您肯教我們讀書嗎？因為，我們沒有錢上大學唸書，現在中學要畢業了，我們都非常想再繼續深造學習，不知道您願不願意指導我們？」

康惠爾答應了這六個貧家子弟的請求，事後他突然想到：「一定還有許多年輕人和這六位學生一樣，想學習知識，但又付不起學費上大學，我應該為這些窮困的年輕人辦一所大學。」

於是，他為了籌建大學而開始進行募捐。當時，建一所大學大概要花一百五十萬美元。

康惠爾四處奔走，忙著在費城各地演講，這樣努力奔波了五年，豈知竟然還湊不足一千美元。

康惠爾為此感到非常難過，有一天心情低落來到了另一間教堂，正想著下星期要準備的演講稿，就在他低頭之時，發現教堂周圍的草長得枯黃雜亂，便問園丁：「為什麼這裡的草，長得不像別間教堂那樣青綠呢？」

園丁抬起頭，不以為然地看著牧師說：「你認為眼中這地方的草長得不好嗎？

那是因為你把這些草和其他地方的草做了比較的緣故。我們總是看到別人美麗的

草地，希望別人的草地就是我們的，卻很少認真整理自己的草地。」

沒想到園丁不經意的一段話，頓時令康惠爾恍然大悟，他跑到教堂裡開始流

暢的撰寫演講稿。在演講稿中他以激勵的語氣這樣寫著：「我們總是讓時間在等

待和觀望中白白流逝，自己卻忘了可以親自動手，讓事情朝著我們所期望的方向

發展。」

不久之後，康惠爾牧師在這股動力推促下終於完成願望，創立了一所嘉惠窮

人的大學。

法國文豪雨果曾說：「我寧願靠自己的力量，打開我的前途，而不願乞求有

力者的垂青。」

一般人總習慣看著別人的成就而羨慕不已，卻不肯親自耕耘屬於自己的美麗

花園。

對康惠爾牧師來說，當他努力為費城的貧困子弟四處奔跑時，大部份的人只肯給予同情的眼神，卻不肯付出幫助。

牧師發現不同地方的草地經營，發現人們只會羨慕的慣性，於是，他把「自己的夢想要自己實現」的觀念傳遞出來，希望能讓所有人知道，只要願意，任何夢想都能實現。

當我們羨慕別人用手整理出美麗花園，何不也親自動手整理一片屬於自己的美麗花園？

# 沒有毅力，就不可能創造奇蹟

英國物理學家哈密頓就曾說：「只要有耐心，感覺敏銳，即使智力不佳，也能在物理學上有新發現。」

你一定聽過，有些人的一天是四十八小時吧！

你覺得不可思議嗎？其實一點也不，因為對他們而言，沒有什麼分配不了的時間；對有效率、有毅力的人而言，時間是在他們的手中任意調配的。

德國著名的詩人歌德一生成就非凡，但是，誰也沒想到，他其實是一位業餘

/ 117 /

的作家。

他二十六歲時，艾瑪公爵請他擔任行政方面的工作，還要長期負責舞台的監督工作，一直到了晚年他才有較多的時間來寫作。

歌德流傳於世的著作共有一百四十三本，其中有一本世界文學的經典之作《浮士德》，內文長達一萬二千一百十一行。這些著作是他以驚人的毅力，不浪費生命裡的每一分每一秒，用盡一切辦法，把每一個空檔時間都充分利用的成果。

如果把時間視為流水，那麼你也可以像歌德一樣，用毅力把流水積聚起來，做個可以為自己人生發電的「攔水壩」。

沒有毅力就不會有奇蹟，在成功案例裡的每一個成功者，都是善於運用時間縫隙的人。

正如達爾文所說的：「任何科學發明，都得經過長期的考慮、忍耐和勤奮才能成功。」

所有科學家都公認，毅力甚至比智力還要寶貴，例如，英國物理學家哈密頓就曾說：「只要有耐心，感覺敏銳，即使智力不佳，也能在物理學上有新發現。」

這也就很多公司在應徵人才的時候，為什麼會有這樣的一條要求：「要能刻苦耐勞」，現在你明白其中道理了吧！

那你呢，有沒有具備這樣的特質？

美麗的人生，因為有風有雨點綴，才會顯得更加壯麗，生活不可能總是一帆風順，唯有堅持不懈，才會擁有這美麗人生。

人生不必苦短，因為你可以掌控你的時間，只要充滿毅力，時間會因為你的努力而加長；對於沒有決心的人，為了避免他們過度浪費，時間會自然縮短。

時間分分秒秒的走動都是為了你，如果你再不好好運用，生命時間肯定會快速轉動！

# 信心就是希望的火種

德國作家亨利希‧曼說：「信心是希望的火種，往往在你摸索的黑夜裡，照亮前程的路。」

對付你而已。

面對逆境或險境，你總是是慌張地亂了陣腳，還是沉著應對？不要把緊張和恐懼在最危險的時候表現出來，因為，那只會讓對手更有把握

斯蒂克在第二次世界大戰時被徵召入伍，在聯軍登陸諾曼第之後，他就被送

到歐洲戰場上，參加抗德戰爭。

他在前線歷經六個月的戰爭，他所屬的兩百多人隊伍，後來只剩下幾個生存者。

不久，他從小兵升到了班長，還獲得三枚獎章和一個英勇勳章。

他曾經多次在深夜帶兵到敵後偵察，也曾數次襲擊敵方的營地，每次他都打前鋒，而且每次都是九死一生。

一次，在德國邊境的小鎮上，他擊毀了一架敵方的機關槍，還救了同袍一命。

有一次要深夜到敵後偵察時，他的排長命他帶領一群弟兄，穿過鐵絲網和地雷區，深入敵軍兵營裡探取情報。

這次斯蒂克仍然走在最前頭，不但帶回寶貴的情報，還俘擄了四個敵兵回來。

還有一次偵察行動中，斯蒂克帶著一班弟兄越過一座橋樑，進入了靠近德軍駐紮地的一間獨立小屋，就在黃昏時分，他們擊斃了一名攻入走廊的德軍。他和弟兄們在小屋中和敵人的屍體一起過夜，因為和德國軍隊只隔著一座橋，士兵們都很害怕敵人會來圍攻，這時斯蒂克沉著地說：「勇敢一點，只要我們不畏縮，這一夜一定能安全渡過。」

有了斯蒂克的勉勵，一班弟兄們的心都鎮定了下來，也真的平安地渡過了一夜。

德國作家亨利希·曼說：「信心是希望的火種，往往在你摸索的黑夜裡，照亮前程的路。」

培養你的自信心吧！

所謂的奇蹟和轉機，其實都是對自己有了信心後，能沉著應對，然後以不畏縮、堅持不懈和越挫越勇的精神，安然渡過每一個困難和危險。

只要充滿了信心，你就你自己命運的主宰，不管碰到任何危險事情都能逢凶化吉。

# 你可以選擇走向不同的人生道路

德國思想家歌德在《感想集》裡寫道：「能把自己生命的終點和起點連接起來的人，是最幸福的人。」

小塞涅卡曾經說過：「如果一個人不知道他要駛向那個碼頭，那麼任何風向都不會是順風。」

相同的道理，如果一個人不知道自己的人生目標，那麼，不論他就無法活出真正的自己，當然也無法享受生活。

人的一生當中會有很多選擇題，雖然每個人的選擇都不同，但是，每個人心中都有各自的標準答案。

榮登美國職棒名人堂的打擊好手R‧熱弗爾是在底特律貧民區裡長大的黑人，由於缺乏關愛和指導，童年時期他就跟別的孩子們學會了逃學、偷竊和吸毒。

剛滿十二歲那年，他就因為搶劫一家商店而被逮捕，被送進少年感化所；到了十五歲的時候，他因為企圖撬開辦公室裡的保險箱再次被捕，進了少年監獄；後來，他又因為搶劫鄰近的一家酒吧，第三次被送入監獄。

有一天，監獄舉辦壘球比賽，一個年老的無期徒刑犯人看到他壘球打得很出色，便鼓勵他說：「小伙子，你還年輕，有能力去做些你想做的事，別再自暴自棄了。」

熱弗爾聽到後，心中不禁一震，回牢房後反覆思索老囚犯的話，終於做出了生命中最重大的決定。

雖然他還在監獄裡，但他突然意識到，他和一輩子都得在監獄渡過的老囚犯不同，因為他還有機會選擇出獄之後要做些什麼事，他可以選擇不再入獄，他要

選擇重新做人，當一個棒球選手。

五年之後，這個年輕人成了美國職棒大聯盟中底特律老虎隊的隊員，因為，一個偶然的機會裡，底特律老虎隊領隊馬丁訪問監獄，發現了熱佛爾的棒球天分，便努力協助他早日假釋出獄。

不到一年，熱弗爾就成了老虎隊的主力隊員。

儘管熱弗爾出生在社會的最底層，曾是被關進監獄的囚犯，然而老囚犯的一番話，終於讓他意識到自己的生命還有各種可能，於是選擇走向自己想走的路。

德國思想家歌德在《感想集》裡寫道：「能把自己生命的終點和起點連接起來的人，是最幸福的人。」

故事中，身陷牢獄的熱弗爾可以自暴自棄地告訴自己：「現在我在監獄裡，人生一片黑暗。」但是，他卻願意這麼想：「我要選擇走向不同的人生道路。」

自由選擇的權力，是你開創美麗遠景最有力的工具。

人生充滿選擇，不管是想法，還是前進的路途。沒有人會架著你要選擇走哪一條路，也沒有人能逼著你一定要怎麼想。

你想走向什麼道路，過什麼生活，這些都是屬於你自己的選擇權，如果你不自己在心中做好決定，那麼，縱使有再多的人伸手要幫你一把，你也會失手錯過每一次機會。

## 讓自己的生命充滿活力

高爾基在短篇小說《時鐘》中寫道：「人有兩種生活方式：腐爛或燃燒。膽怯而貪婪的人選擇前者，勇敢而積極的人選擇後者。」

儘管有人說，沒有雄心壯志的人，生活就會缺乏偉大的動力，自然無法有傑出的成就，但是，過度的渴望，常常會導致極度的失望。

其實，不必給自己太多偉大的志向，只要知道什麼才是生活的意義，把握當下去做你真正想做的事，就算那只是件芝麻綠豆般的小事，也都會使你的生活中變得不平凡。

有個年輕人躺在公園的椅子上曬太陽，衣衫襤褸、神情萎靡，一直有氣無力地打著哈欠。

這時，有一個老先生走了過來，看著他，忍不住好奇地問：「年輕人，難得天氣這麼好，你不去做些有意義的事情，怎麼懶懶散散地在這裡曬太陽？豈不是辜負了大好時光？」

「唉！」這個年輕人嘆了一口氣說：「在這個世界上，我除了這個軀殼外，已經一無所有了，又何必費心費力地做什麼事？我啊，每天在這裡曬曬我的身體，就是我唯一可以做的大事了！」

「你沒有家嗎？」老先生好奇問。

「當然沒有！」這傢伙吃驚地回答：「你知道，與其背負家庭的重擔，倒不如沒有。」

「難道，你都沒有喜愛的人？」

「沒有，與其愛過之後反目成恨，不如乾脆不去愛。」

「那朋友呢？」

「也沒有，與其得到之後可能還會失去，不如乾脆沒有。」

「那你怎麼不想去賺錢？」

「那更不想，你想想看，錢賺了又會花光光，那何必勞心費力把自己搞得那麼累？」

「喔？是這樣嗎？」老先生若有所思地說：「看來，我得快點幫你找根繩子才行。」

「找繩子？幹嘛？」這年輕人好奇地問。

「幫你自殺啊！」老先生一臉認真的說。

「自殺？你幹嘛叫我去死？」這年輕人驚詫地叫了起來。

老先生看著他說：「是啊，人有生就有死，以你的推論，那與其生了還會死，不如乾脆就不要出生算了。現在你的存在，根本就是多餘的，那不如死了算了，那不是正合你的邏輯嗎？」

年輕人聽了這話，低下了頭，不敢再回話。

如果你在街上問那些熙來攘往、行色匆匆的行人：「現在你過的，是你真正想過的生活嗎？」相信，你會收集到很多「皺眉」和「苦笑」，因為很多人根本連自己想要什麼都不知道，又怎麼會有開心的生活呢？

俄國文豪高爾基寫道：「人有兩種生活方式：腐爛或燃燒。膽怯而貪婪的人選擇前者，勇敢而積極的人選擇後者。」

什麼才叫生活的意義，什麼才是生命的價值，每個人的標準不同，但是要找到自己真正想過的生活，卻是共同的準則。

給你一個良心建議，不必非得得豐功偉業，也沒有必要立志當聖人，只要認真想想，自己要的到底是什麼，興趣在哪裡，為什麼而生活，你就不會像故事中的年輕人萎靡地躺在公園的椅子上曬太陽，也不會有人覺得你活著是多餘的！

# 再堅持一步你就抵達終點了

修昔底德寫道：「真正能被稱為最勇敢的人，極其清楚地同時意識到生命的痛苦與歡樂，但並不因此而在危險面前畏縮。」

走到成功的臨界點，你會選擇放棄，任由機會流失，還是咬緊牙關堅持到最後一秒？

生活中，我們會不經意的浪費很多時間，但是，在關鍵時刻，如果你把最後一秒的機會浪費掉，或是提早放棄，那麼就從此和成功絕緣了！

來到了開羅博物館，首先映入眼簾的是從卡蒙法老王墓陵挖出的寶藏，每一件都顯得光彩奪目，而在博物館的二樓，則放著燦爛奪目的寶藏，有黃金、珠寶飾品、大理石容器、戰車、象牙與黃金棺木⋯⋯等等。

這些精巧的工藝至今仍令人讚歎不已，不過，這些東西若不是考古學家霍華・卡特堅持，再多一天時間探挖，也許至今它們仍藏地下不見天日。

一九二二年的冬天，卡特幾乎要放棄尋找年輕法老王墳墓的希望，因為，他的贊助商已經準備取消贊助費用了。

卡特在自傳中描述，當時是他們待在山谷中的最後一季了，他們整整挖掘了六季，但是在這麼長的日子裡卻毫無所獲。有時候他們日以繼夜的工作，卻一直沒有任何發現，內心感到陣陣絕望，幾乎認定自己被打敗了，應該準備離開山谷到別的地方去碰碰運氣。

但是，要不是大家最後堅持，再用力往地上一鏟，他們永遠也不會發現，那些遠超出眾人夢想的寶藏。

因為卡特的堅持，到最後一刻也不願放棄的精神，才能讓他成為近代第一個

挖掘出最完整法老王墳墓的人。

古希臘史學家修昔底德在《伯羅奔尼撒戰爭》中寫道：「真正能被稱為最勇敢的人，極其清楚地同時意識到生命的痛苦與歡樂，但並不因此而在危險面前畏縮。」

不管你現在做到什麼進度，都要充滿積極想法，告訴自己：也許再走一步，就能得到成功的喜悅。

失敗和挫折往往會擋在成功路的最後一步，能夠堅持的人，會看見那個跨欄，並奮力一跳，抵達終點，接受歡呼；不能堅持的人，不僅看不到那個高欄，還會被它絆倒，而且被絆倒後，甚至連爬到終點的努力都不肯付出。

不想原地踏步，就給自己一個往前奔馳的堅持，任何放棄的念頭都不能有，如此才有機會到達你的目的地。

# 要讓自己的生命更豐富

人生是否有意義，全看我們的生活態度，看你是要隨波逐流，還是把住輪舵，朝著固定的目標行進。

每個人都有許多基本慾望。就慾望本身而言，它們當然言之成理，但歸根結底，它們都有自私的成分。

當我們開始走進社會時，總不免取之於社會者多，供之於社會者少，但如果始終只希望別人滿足自己的種種慾望，而不想對社會有所貢獻，那麼這樣的人，就沒什麼價值了。

我們不是常常見過許多人，雖然所有的慾望都已得到滿足，可是他們的成就

卻極其渺小，幾乎等於零？

如果我們要得到別人賞識，就一定要有所作為，如此才可能爭取到人家的賞識。雖然有時候，即使是做了一件非常有價值的事，也未必會得到他人的讚賞，可是我們應該記住，有意義的工作，本身就是一種酬勞，至於別人是否知道，那都是次要的。

英國的南丁格爾女士不顧親友的反對，勇敢做著女人從未做過的看護戰場上傷殘士兵的工作。

她的這個舉動開始並沒有得到人們的讚揚，而是到她老了，人們才感受到護士工作的意義。

同樣的，我們想要有朋友，自己必須友善才行。因此，我們不該在四周築起高牆來，而是應該主動架橋，與他人進行聯繫才是。只有當我們多表現自己，雙手多出力時，才能獲得快樂。

現代人相當沒有安全感。雖然安全感太少會打擊我們，可是如果安全感太多，

也會磨滅我們上進的心。

而且，有一點我們得記住，如果整個社會都沒有安全感的話，那麼我們自己

也不可能會有太多的安全感。

所以，我們最深遠的需要應該是內心及情緒上的安全感。只要能做到這一點，

即使在置身在荒野或暴風雨中，一切都處於不安定當中，可是我們心頭仍能獲得

一片平靜。

一個人生活是否豐富，是否多采多姿，全看他與現實社會的接觸面是否廣泛，

對人生的興趣是否濃厚。假使我們心裡只有一根弦，那麼彈出來的音樂當然會非

常單調乏味。

哈佛大學校長艾略特常常說，他的工作，有百分之九十屬於經常性事務，可是

他從不抱怨。因為只要機會一來，他就有足夠精力去從事於另外百分之十的創造

性和冒險性工作。

所以，人生是否有意義，全看我們的生活態度，看你是要隨波逐流，還是把握住輪舵，朝著既定的目標行進。

英國詩人濟慈、伯恩斯和雪萊，去世時都不滿四十歲，可是他們都曾好好地活過，也忍受過苦難，所以雖然生命短暫，但他們的生活卻比活一般人還要豐富。

生命是一個奇妙的賞賜，而且是稍縱即逝的，至於如何充分運用，則全看每個人的努力。假使我們希望擁有很豐富的生命，就可以獲得豐富的生命。

# 不要讓失敗對自己造成傷害

心理學家艾德勒說：「你愈不把失敗當作一回事，失敗就愈不能對你造成傷害，只要保持心態的平衡，成功的可能性也就愈大。」

有位作家曾說：「我不認為『失敗』會使我們失去什麼，因為真正的失敗是我們連試都不試就想放棄。」

的確，許多人在失敗之後常常說「本來是會贏的」之類的說法，他們並不是不可能成功，而是他們老早就已經放棄了。

約翰‧克利斯是一位英國小說家，著作等身的他，一生總共寫過五百六十四本書，但是，在成名之前，他所遭遇的退稿挫折可一點也不少於他出版過的書量。

就算瑪格麗特‧米契爾在成名作《飄》出版前，收到的退稿也不少於此；梵谷在他有生之年，幾乎沒有賣出任何一幅畫；貝比‧魯斯剛進大聯盟的時候，也只有坐冷板凳的份，有誰知道後來他會擊出了七百十四支全壘打……

許多享譽世界的名人，幾乎都歷經了各種挫折甚至難堪，才能有今天的成就。

這些成功的人之所以成功，是因為他們懂得從失敗中獲得智慧。

沒有任何人天生就是贏家，贏家都是跌了好幾次跤才走到現在的寶座，他們所擁有的傷痕肯定比得到的獎牌還要多。

那是因為他們在成功的關鍵時刻，明白只要再支撐一分鐘，就還有機會改變自己的命運。

大多數人都只想追求速成的成功，認為一生中最重要的就只一個「贏」字，一旦失敗了就怪罪別人、歸咎環境，甚至埋怨老天，總是給自己一大堆藉口推卸責任，可是，有趣的是，當他們成功的時候，卻很少會把功勞歸給旁人。

奧地利心理學家艾德勒曾經勉世人說：「你愈不把失敗當作一回事，失敗就愈不能對你造成傷害，只要保持心態的平衡，成功的可能性也就愈大。」

明白艾德勒所說的意思嗎？

其實，這就是東方宗教所說的「平常心」。當你因為想做而去做，為了夢想前進而前進，那麼連失敗都有正面的價值！

去問一問溜冰高手怎樣才能學會溜冰，相信他一定會告訴你：「跌倒，爬起來，你就成功了。」

## 5

### PART

# 別再渾渾噩噩過日子

西班牙大作家塞萬提斯在《唐吉訶德》裡寫著：
「勇敢的人開鑿自己的命運之路，
每個人都是自己命運的開拓者。」

# 不要讓眼前的遭遇束縛自己的未來

維克多‧弗蘭克說：「不管在什麼情況下，你都有選擇自己態度的自由，選擇如何面對未來的自由。」

很多人會說人生充滿無奈，大部分時候根本由不得自己去做選擇，因而把一切都歸諸於機遇。

你也是這麼宿命地認為嗎？

其實，機會是人創造出來的，還是老天註定好的，本身就是一種選擇，你可以選擇聽天由命，也可以選擇跳脫命運的束縛。

尼克勞斯曾經寫道：「心無罣礙，才能讓自己海闊天空。」

在人生的過程中，所有阻擋我們的障礙，都是心中的罣礙。當我們面對人生的困境時，只要懂得先掃除心中的罣礙，那麼所有擋在眼前的絆腳石，都會成為人生道路的墊腳石。

國際著名的精神分析專家維克多‧弗蘭克，由於猶太人的血統，在第二次世界大戰時曾被關進德國集中營。

他曾是傳統心理學派下長大的宿命論者。傳統心理學派認為，一個人的品格和性格從小就已經奠定，而且也會決定人的一生，人的造化在出生之時就大勢已定，永遠也走不出這個定數。

弗蘭克被關進納粹集中營後，遭受到種種凌虐，他的父母、兄弟和妻子，不是死於集中營裡就是被送進了毒氣室。弗蘭克時常遭到拷打和侮辱，心裡也擔心著自己不知道什麼時候會走進毒氣室。

一天，當他被剝去衣服，單獨囚禁在一間窄小的牢房裡，在驚慌失措的冥思

時，他開始意識到了自己還擁有「人類最後一點自由」，這種自由是蓋世太保無法剝奪的。

蓋世太保可以控制他的生存環境，他們可以對他的肉體百般凌辱，但是無法剝奪他的思想，他可以像一個旁觀者那樣注視著自己正陷入的境遇。

他可以由內心來決定如何面對這一切，在他身上發生的事情，不管如何屈辱、悲慘，他都可以選擇自己要做出哪種回應。

每當遇到殘酷的虐待，弗蘭克就會設想自己處在不同的環境中，想像自己從集中營脫困出來，或是想像和家人團聚的景況。他試著改變、調適自己，告訴自己一定還有機會，因為他的思維能自由飛翔。

通過這樣的自我鍛鍊，漸漸的，他覺得自己比看守他的納粹獄卒具有更多的自由。因為他發現，表面上這些獄卒可以行動自由，但是在心靈上他們卻是被囚禁的。

也因此，他成為周圍囚犯的力量源泉，他幫助同伴尋找到受苦的意義，尋找到活下去的勇氣。

二次大戰後，重獲自由的弗蘭克說：「生命當中，只有一種東西是不可剝奪的，那就是不管在什麼情況下，你都有選擇自己態度的自由，選擇如何面對未來的自由。」

確實如此，任何時候我們都可以自由的選擇，對於生活我們也有選擇的權利，選擇改變平庸的生活，選擇生命如何過得精采。

相信自己就是生活的主宰，知道自己必須掌握生活的主導權，就能做下每一個影響未來的決定。

也許，你有一段難以言喻的不幸過去，但是要記住，千萬不要讓過去束縛你的未來。要記住，你的一生都掌握在自己的手裡，如果你不滿意現在的生活，那就趕快改變自己的生活態度，重新選擇自己的人生。

# 別再渾渾噩噩過日子

西班牙大作家塞萬提斯在《唐吉訶德》裡寫著：「勇敢的人開鑿自己的命運之路，每個人都是自己命運的開拓者。」

卡森・麥卡勒斯曾經說過：「當你累得滿頭大汗，事情還是沒有起色，這時你的心靈深處便會泛起一個問號，難道這就自己想要的生活嗎？」

其實，想要擁有什麼生活，往往取決於你怎麼想和怎麼做，而不是你做了什麼。不能用本身智慧主宰自己生活的人，將永遠只配做生活的奴隸！

先闔上書一分鐘，仔細想想現在的你，日子是怎麼過的。

審視得如何呢？現在的情況真的是你想要的嗎？

服務人員聽了，訝異地回答說：「你為什麼這麼問呢？這些餐點你們也可以吃啊！」

「真的嗎？」父親吃驚地問：「你的意思是說，整個航程，我們都可以和其他人一樣用餐嗎？」

「當然！」服務人員以驚訝的口吻說：「在整個航程裡，這些餐點都會供應給你和你的家人，你們的船票只是決定你們睡覺的地方，並沒有限制你們的餐點。」

大文豪莎士比亞曾經在著作中說過一段膾炙人口的話：「假使我們將自己比做泥土，那就真要成為別人踐踏的東西。」

其實，別人認為你是哪一種人並不是那麼重要，重要的是你是否肯定自己，是否積極掌握自己的命運？

西班牙大作家塞萬提斯在《唐吉訶德》裡寫著：「勇敢的人開鑿自己的命運

/ 149 /

之路，每個人都是自己命運的開拓者。」

其實，很多人都有著故事中相同的狀況，以為目前的位置就是一輩子必須待的地方，絲毫不知道他們可以和其他人一樣，享受同樣的權利，甚至過得比別人還要好。

成功並非遙不可及的夢想，但是必須靠你自己努力爭取。

過去的你如果過著渾渾噩噩的日子，就應該在今天覺醒，為燦爛的明天打好基礎。

不要老是活在過去的窠臼裡，你一定可以走出來，努力爭取自己夢想的園地。

馬利丹曾經寫道：「讓人最難受的，不是被剝奪曾經擁有的的東西，而是被剝奪未曾有過，並不真正了解的東西。」

的確，現實中的困難皆可克服，唯獨憑空想像的困難無法解決。其實，生活的本身既不是快樂，也不是痛苦，而是快樂和痛苦的容器，就看你想把它變成什麼……

# 改變心態，就能活得快樂自在

英國詩人作家馬‧阿諾德在《逆來順受》一書中曾說：「征服命運的，常常是那些不等待機遇恩賜的人。」

幽默作家蕭伯納常對那些抱怨環境不順利的人說：「人們時常抱怨自己的環境不順利，使他們沒有什麼成就。但是，我討厭這種說法，假如你遍尋不到所要的環境，為什麼不自己創造一個出來！」

只要你改變心態，勇於創造自己想要的環境，就會成為生命的主人。

發明電話的亞歷山大・貝爾，年輕的時候，有一次向朋友亞瑟・亨利抱怨自己的工作很不順利，並且認為，那完全是由於自己缺乏電機方面的知識所造成的。

當時，亞瑟・亨利是華盛頓區一家理工學院的校長，心平氣和地聽完貝爾拉拉雜雜的抱怨，但是，並沒有安慰他，只是簡短地告訴他：「去讀啊！」

這個簡短的回答讓貝爾大感意外，因為自己只顧著到處找人吐苦水，從來沒想過自己其實可以克服遭遇到的困難。貝爾於是認真去攻讀有關電機的課程，後來還成了對傳播科學極有貢獻的發明家。

英國詩人作家馬・阿諾德在《逆來順受》一書中曾說：「征服命運的，常常是那些不等待機遇恩賜的人。」

美國總統胡佛是一名鐵匠的兒子，後來還成了流離失所的孤兒；IBM的董事華森，年輕時曾擔任過記事員，每星期只能賺兩塊錢美金；名製片家阿道夫・朱可曾經擔任的一名皮貨商助手，每星期也是只賺兩塊。

這些著名的成功人士之所以成就輝煌，是因為他們從來不認為貧窮是他們的障礙，他們把全部的精力用在改善自己的境遇上面，完全沒有時間去自怨自艾。

歷史上，許多舉世聞名的人物都有著身體上的缺陷，例如詩人拜倫長有畸形腿，音樂家貝多芬後來因病成了聾子，莫札特患有肝病，當上美國總統的富蘭克林‧羅斯福則患有小兒痲痺症；至於名教育家海倫凱勒則是從小又聾又瞎。

這些名人的奪鬥故事，相信我們從小就耳熟能詳，只是為什麼到了現在還不肯效法呢？

我們四肢健全，有得穿又吃得飽，卻老是抱怨東埋怨西，怪景氣不好，怪別人不肯幫忙，為什麼就是不肯反省自己？不要抱怨命運和目前的處境，而該罵一罵自己為什麼不肯積極生活。

你目前的生活是你自己決定如何過的，你目前的環境是你自己走出來的，想要活得快樂自在，你就必須先改變自己的生活態度，積極為自己創造想要的環境。

# 相信自己，幸運自然就會降臨

美國作家桑塔亞納曾說：「哥倫布發現了一個世界，卻沒有用航海圖，他用的是在天空中釋疑解惑的『信心』。」

一塊磁鐵可以吸起比它重十二倍的重物，但是，如果你除去它的磁性，它甚至連輕如羽毛的東西都吸不起來。

人也有兩種，一種是有磁性的人，他們對自己充滿了信心，知道自己一定會成功。

另外一種是沒有磁性的人，他們充滿了畏懼和懷疑，機會來臨之時，他們卻說：「我可能會失敗，人們會恥笑我。」

於是，這類人在生活上一無所成，這是因為他們害怕前進，所以只能停留在原地打轉。

阿爾法原本經營農具買賣的小本生意，過著平凡的生活，但是他並不滿足這種情況。他覺得房子太小，也沒有足夠的金錢購買自己想要的東西，儘管他的妻子從來都沒有抱怨，只是阿爾法總是想著：「我的內心深處越來越不滿足，特別是我看見妻子和兩個孩子都沒有過好日子之時，心裡總是有著深深的愧疚感。」

後來，阿爾法的生活有了極大的變化，他不僅擁有一個佔地二英畝的漂亮新家，也不用擔心能否送孩子上一所好的大學，妻子在花錢買衣服的時候也不再有過去那種罪惡感。

他發現這才是他真正想過的生活。

這一切的發生，是因為他運用了信念的力量。

有一天夜晚，他坐著沉思，突然感到自己非常可憎。

「到底是什麼原因呢？為什麼我老是失敗？」

於是，他拿了一張信箋，寫下五個自己非常熟悉的、在近幾年內成就遠遠超過他的人名。

他問自己：「什麼是我這五個朋友的優勢？」

他把自己的智力、能力與他們做了一番比較，終於，他想到了另一個成功的因素，那就是自信心。

當時已經凌晨三點了，但是他的腦子卻十分清醒，因為他發現了自己無法出人頭地的弱點。

從小，他就很缺乏自信，總是在自尋煩惱，總是對自己說不行，因此所做所為幾乎都是在表現這種自我貶抑。

現在，他終於明白，如果自己都不信任自己的話，那麼就沒有人信任他，於是他決定，從今以後要徹底改變自己。

經過反省後，他認識到自己的價值，結果，他成功了，得到了自我認同的無限價值。

美國作家桑塔亞納曾說：「哥倫布發現了一個世界，卻沒有用航海圖，他用的是在天空中釋疑解惑的『信心』。」

你對自己有多少認同，你對自己有幾分自信？

讓自己的視野更寬闊，請相信你自己，別人如何看你並不重要，最重要的是你究竟怎麼看自己，只要你充滿信心，也確認了自己的生命意義和生活目標，幸運自然就會降臨。

# 為自己製造貴人

當你身邊環繞的都是因你而成功的人時,你成功的機會還會少嗎?在成為別人貴人的同時,也正是為自己製造了一個貴人。

在我們的周遭隨時都可能遇見貴人,也可能隨時遇見小人。

雖然我們無法分辨誰是貴人,誰又是小人,可是卻有一個方法可以讓接近你的人都變成你的貴人。

方法很簡單,那就是∶設法成為別人的貴人。

有一位哥本哈根的交通警察是自行車運動的愛好者。這天早上，他正在市區執行勤務的時候，發現一輛自行車用飛快的速度騎過來，馬上拿出測速儀測定他的速度有沒有違反交通規則。

騎車的人根本沒發現交通警察正在測他的速度，還是保持原先的速度，甚至還越騎越快。

測速儀顯示的速度已經超過了規定，自行車騎士很明顯違規了。但是，令交通警察驚訝的是，測速儀上的速度竟然和汽車的速度不相上下！他實在不敢相信一個人可以把自行車騎得跟開車一樣快。

交通警察馬上把自行車攔下，發現騎士只是一個十五六歲的學生。

警察告訴這位學生他已經違反了交通規則，如果不說出他的學校和住址，就要對他處以重罰。

學生說自己叫斯卡斯代爾，騎快車的理由是因為上學要遲到了。

警察聽了，就對這個學生說：「既然這樣，那麼，你先去上學吧，以後我會跟你聯繫。」

不久，這個學生的學校接到一封信，發信人來自哥本哈根最著名的自行車俱樂部，這個俱樂部曾經培養出許多優秀的自行車選手。信中的內容是歡迎斯卡斯代爾參加他們的俱樂部，表示他們會為他提供一切必要的訓練條件，信中還夾著一張警察測定的超速罰單。

這封信讓學校有些驚訝，但他們還是鼓勵斯卡斯代爾參加自行車俱樂部。經過了四年的訓練，斯卡斯代爾不但成為全丹麥的自行車冠軍，還躍為奧運自行車項目的金牌選手。

斯卡斯代爾也因此終身感激這個發掘他天分的交通警察。

有人說：「地球越來越熱，人心越來越冷。」其實，不論我們置身什麼環境，都會遇上意想不到的貴人，甚至有時候，我們就是別人的貴人，全看我們用什麼心境因應。

這個交通警察其實只要開一張罰單就沒事了，可是他卻願意給一個素昧平生

的學生出人頭地的機會，熱心地將斯卡斯代爾推薦給自行車俱樂部，終於讓他揚名國際。

要成為別人的貴人並不難，就看你願不願意而已。

或許有人會想，讓別人成功，不就等於是減少自己成功的機會嗎？其實不然。

仔細想想，當你身邊環繞的都是因你而成功的人時，你成功的機會還會少嗎？由此可見，在你成為別人貴人的同時，也正是為自己製造了一個貴人。

# 要為自己的選擇負責

有的選擇題做錯了可以再重來，有的卻會使人懊悔不已。但無論如何，都要擁有為自己的選擇負責的勇氣。

常常有人會討論到底是愛人幸福，還是被愛幸福？

其實，這都是一種選擇方式而已。

學習如何做好自己的選擇題，並且不要怕面對錯誤的選擇。如此一來，你就會有一個既豐富又多彩的人生。

有一個叫韋格的奧地利女孩，不但長得漂亮，還有藝術的才華。她在大學裡主修油畫，畫作時常受到老師的肯定，因此有了開個人畫展的念頭。

為了完成韋格的心願，她的男朋友一直在旁邊支持她，設法要幫她籌備個人畫展。

正當兩人為經費不足而一籌莫展的時候，韋格的男朋友恰巧看到世界小姐的選拔廣告，心想只要初賽通過就有獎金，可以用來辦個展，因此鼓勵韋格參加世界小姐選美比賽。

韋格原本只想通果初賽，沒想到不但初賽過了，還一路晉級到了在拉斯維加斯的決賽。

最後，韋格成了一九八七年的世界小姐。

當選世界小姐後，韋格從平凡的大學生，搖身一變成為眾所矚目的知名人物，榮耀和財富也隨之而來。

這時候的韋格已經不需要畫展了，連當初一直支持她的男朋友，也因為韋格忙碌的生活和眾多的追求者而跟她分手。

就在韋格的事業如日中天的時候，卻患上了克里曼特綜合症。這種病最大的危險在於會使雙眼視力逐漸衰退，直到失明，而且無藥可治。

當世界小姐可能會失明的消息經過媒體報導之後，有一位名叫帕迪的南非小男孩寄給韋格一包土，並在信中說他們家鄉的人，都用這種神奇的土來治療眼疾。

韋格不相信一包土能治好她的眼睛，但是因為連醫生都沒辦法了，韋格只好懷著姑且一試的想法試試看。

結果奇蹟出現了，這種神奇的土竟然真的把她的眼睛治好了。

眼睛恢復正常的韋格，更積極地以世界小姐的身分參與各種活動，也因為經常出入上流社會的場合，認識不少有錢人，後來還因此嫁了一個美國富翁。

可惜的是，世界小姐的頭銜雖然為她帶來了財富和地位，卻沒有為她帶來婚姻幸福的保證。

韋格的感情一直很不順利，先後結了六次婚，但是，卻沒有一個男人能讓她幸福。最後，這個原本立志成為畫家的女孩，因為受不了情感的打擊，選擇自殺一途。

人的一生中，會碰見大大小小、各式各樣的選擇題。有的選擇題做錯了可以再重來，有的卻會使人懊悔不已。

但無論如何，都要擁有為自己的選擇負責的勇氣，因為這是一個成熟的人必須具備的特質。

所謂的負責，是肯承擔自己選擇錯誤的後果，而不是像韋格一樣，因為錯誤的選擇而結束自己的生命。

畢竟，錯誤其實也是讓我們成長的機會，就這樣結束生命不是太傻了嗎？

# 生命的價值來自心靈的成長

我們的性格，是否比以前溫順、和藹、慈悲些？是否更能體諒他人？是否比較不容易被激怒？是否更富於同情心？

好高騖遠、見異思遷，見到虛偽醜陋的一面就感到憤怒失望的人，是很少會快樂的。

這些人的心靈往往被緊湊的活動緊緊抓住，但是，和那些愚蠢、麻木不仁的人比起來可要好多了，因為，愚蠢、麻木不仁的人往往對身邊的事物連看一眼的興趣都沒有。

義大利古詩人但丁快樂嗎？美國的林肯總統快樂嗎？他們不是已經向我們證明，輝煌的生活與快樂之間，並沒有看得見的必然關聯嗎？

所以，哪一個追尋快樂的人找到了快樂呢？假使快樂真的來到的話，那也只是因為我們正在做比我們本身價值更重大的事情，只是偶然的出現而已。

假使我們不能用幸福或快樂來衡量人生的價值，那麼我們是否可以用成功來作量尺呢？

如果一個人把人生的目標訂得很低，他當然很容易達到成功。

要知道，平平凡凡的人們，根本沒有什麼遠景可以引導他們，讓他們有所追求。但是，如果一個人把自己的一生繫於一個過於遠大而又不可能的目標中，那這個標準又不適用了。

所以，如果我們不把輕易便可獲得的成就看作成功，並希望自己能實現一個比較不容易達到的目標，那麼這樣的成功果實，才勉強可以算是衡量人生價值的

適當標準。

究竟什麼才是你我衡量人生價值的真正標準呢？

那就是我們本身心靈的成長。

當一年過去了，我們的心靈有多少長進呢？即使置身在泥沼和草芥之中，我們能發掘前所未見的美景嗎？

我們的性格，是否比以前溫順、和藹、慈悲些？是否更能體諒他人？是否比較不容易被激怒？是否更富於同情心？

雖然這些反省有時不免伴隨著痛苦掙扎，但這可以讓我們有更真切的見識，更明晰的判斷力，也對自己更忠誠。這些更是在飛逝的人生中，真正的考驗。

在衡量人生價值、追問人生意義的時候，只要我們能根除怠惰，不再懼怕、憎恨、痛苦、自欺，真正體會到我們活著是為了愛，因此樂於活下去，這樣的人生才有價值，才有意義！

# 跌倒七次，站起來八次

日本當代名作家池田大作在《青春寄語》裡說：「人生恰恰像馬拉松賽跑，只有堅持到最後的人，才能稱為勝利者。」

人生的價值在於屢敗屢戰。跌倒的人只要能馬上再站起來，那麼，他就已經比別人多了一次機會，相對的，他也比那些還躺在地上呼天搶地的人，往成功的路上多跨了好幾步。

有一位父親很苦惱自己孩子的未來發展，因為他的兒子已經十六歲了，卻相

/ 169 /

當自卑、儒弱，一點男子氣概都沒有。

於是，父親前去拜訪一位知名的空手道教練，懇請他訓練自己孩子的體魄。

這位教練沉吟了一說：「好吧，你把孩子送到我這裡，三個月後我一定可以把他訓練成堅強勇敢的年輕人，不過，你必須記住，在這三個月裡，你不可以來看他。」

父親雖然有點難捨，但是為了孩子的將來，還是同意了。

三個月後，父親來接孩子，教練於是安排孩子和一個空手道選手進行一場比賽，以展示這三個月來的訓練成果。

但是，情況卻和父親想像的相差甚遠，只見教練一出手，孩子便應聲倒地，雖然他很快地再站起來繼續迎接挑戰，只是馬上又被打倒，於是他又再次站了起來，就這樣來來回回一共被打倒七次，站起來八次。

這時，教練問站在一旁觀看的父親：「你覺得你的孩子表現得夠不夠堅強勇敢？」

父親鐵青的臉上難掩失望之情，說道：「真是讓人羞愧，想不到我送他來這

裡受訓三個月，看到的結果卻是這副慘狀，他竟然辜負了您的訓練，被人一打就倒。」

教練聽完，不以為然地說：「這種講法並不正確，因為你只看到了表面的勝負，難道你沒有看到你的孩子倒下又站起來的勇氣和毅力嗎？其實，他已經具備面對生活的正確態度了啊！」

日本當代名作家池田大作在《青春寄語》裡說：「人生恰恰像馬拉松賽跑，只有堅持到最後的人，才能稱為勝利者。」

世間沒有萬勝不敗的英雄，人生的光榮也不在於永不失敗，而是在越挫越勇的精神和在行動中摘取勝利的果實，只要站起來比倒下去多一次，那你就是成功的人。

## PART

# 人生的遠景
# 充滿無限可能

俄國作家契訶夫說：
「路是人的腳步走出來的，
為了多闢幾條路，
必須往沒有人的地方走去。」

# 堅持到底就一定能獲得勝利

羅曼羅蘭在《約翰克利斯朵夫》中寫道：「人生是一場無休無歇而又無情的戰鬥，只要是人，都得時時刻刻向無形的敵人作戰。」

當你千辛萬苦完成一項艱鉅的工作，相信你一定曾經這麼呼喊過：「真不敢相信，我竟然眞的把它完成了。」

是的，不管做什麼事情，只要掌握正確的方法，努力不懈做下去，就能爲自己創造一個奇蹟了！

有一位俄亥俄州的拳擊冠軍對朋友述說了他的成功經歷。

他在十八歲那一年，第一次奪得州際盃冠軍寶座，那次經歷，一直影響他面對事情的態度。

當時，他的對手已經三十歲了，身高一百七十九公分，已連續三年蟬連全州拳擊的冠軍，是個人高馬大的黑人拳擊手，左勾拳可是令人聞之喪膽。

當時主持人宣佈這位年輕的選手將出場挑戰時，全場觀眾給他的不是掌聲，而是噓聲。

果然不出大家所料，一開始他就被對手擊中，牙齒還被打掉了半顆，滿臉是血的他完全沒有機會回手，甚至連防備都有困難。

中場休息時，他對教練說，他想中途退出比賽，因為這種實力懸殊的比賽無異是拿雞蛋去砸石頭。

教練對著他大吼：「不，你一定行，別怕流血，只要堅持到最後就一定會勝利，我相信你的實力。」

突然，這位年輕選手不知打哪兒來的力量，決定豁出去，當對手的拳頭不斷

落在他身上時，他感覺到自己的身體已經不聽使喚了，但他仍然告訴著自己：「堅持，一定要堅持下去！」

不知道是不是他的堅持感動了上天，當然也可能是對手累了，也可能面對他的頑強開始膽怯，他開始有機會反攻。

當時，他的汗血已經流滿全身，模糊了他的雙眼，他只能憑著意志，揮舞左勾拳、右勾拳、長拳、上勾拳，用一記又一記的重拳，朝著眼前模糊的身影擊去。

「是的，我一定能打倒對手！」他不斷為自己打氣。

在最後一刹那，他的眼前像是有無數個對手的身影在晃動，他心裡想，中間那個不晃的影子一定是對手，於是便對準那個身影揮出最後一擊……

接著，教練跳到擂台上抱著他又唱又跳，當裁判舉起他的手時，他這才發現自己贏了，對手倒在台上，而他奪得了冠軍。

法國文豪曼羅蘭曾經在名著《約翰克利斯朵夫》中寫道：「人生是一場無休

無歇而又無情的戰鬥，只要是人，都得時時刻刻向無形的敵人作戰。」

鍥而不捨才能創造奇蹟！看完這個拳擊手浴血奮戰的故事，難道你還不清楚

生命中的奇蹟怎麼發生的嗎？

人生是個舞台，每個人都得努力演好自己的角色；想要成功，方法只有一個，

就是：「堅持下去！」

盧卡斯曾說：「一個人的心有多寬，路就會有多寬。」

心境決定一個人的處境，眼界決定一個人的世界。當我們認為自己走投無路

的時候，只要放寬心胸，相信天無絕人之路，視野就會變得寬闊，即使面臨「山

窮水盡疑無路」的困境，也會看出「柳暗花明又一村」的前景。

# 人生的遠景充滿無限可能

俄國作家契訶夫說：「路是人的腳步走出來的，為了多闢幾條路，必須往沒有人的地方走去。」

在工作場合，我們不時可以見到滿腹牢騷的上班族，成天埋怨自己職位太低、薪資太少。其實，會發出這種抱怨的，通常都欠缺應有的競爭力。

殊不知，不論在職場或是商場上，競爭的輸贏取決於創新速度、應變能力，以及自己是否用心。

激勵大師拿破崙‧希爾曾經提醒我們一個重要觀念：「思想僵化的人永遠不會有所發展。」

這是因為，思想僵化的人，習慣以固定的方式做事，也喜歡過著一成不變的生活，不願去嘗試變化，因此生活彷彿是一潭停滯不動的死水，無法孕育出新的生機。

拿破崙·希爾曾經聘用了一位年輕的小姐當助理，工作大致是拆閱、分類及回覆他大部分的讀者信件，另外還有一項工作是聽他口述並記錄信的內容，她的薪水和其他助理相同。

有一天，拿破崙·希爾在口述之時說了一句格言，請她把這句話記錄下來：

「記住，你唯一的限制，就是自己腦海中所設立的那個限制。」

當她把打好的紙張交給拿破崙·希爾時，對他說：「這句格言讓我得到了一個啟發，相信對你我都非常有價值。」

這件事並未在拿破崙·希爾的腦中留下特別印象，但是，從那天起，他卻感受到這句話對這個女助理產生深刻影響。

從此以後，她在用完晚餐後便又回到辦公室，並且做一些不是她份內而且也沒有加班費的工作。

她會把寫好的回函信送到拿破崙・希爾的辦公桌上。

她認真研究了拿破崙・希爾的處理風格，因此，這些信跟他所寫出來的一樣好，有時甚至更好。

她非常努力認真，工作態度也一直保持良好，有一天，拿破崙・希爾的私人秘書辭職，當他準備找人來遞補這個空缺時，卻驚訝地發現她已經主動地接收了這項職位。

因為，在下班之後，沒有支領加班費的情況下，她已經把自己訓練成出任拿破崙・希爾專屬秘書的第一人選。

由於這位年輕小姐的辦事效率太高，引起其他人的注意，不斷有人提供了很好的職位想請她擔任。於是，拿破崙・希爾不得不多次提高她的薪水，到後來，薪資竟提高到她初到之時的四倍。

因為，她讓自己不斷增值，雖然之前辛苦的付出，但那卻成了她最佳的籌碼，

使得拿破崙·希爾完全不能缺少她這個幫手。

是什麼力量讓這個年輕小姐有這樣的成功？

那就是積極向上的進取心，使她在競爭中脫穎而出。

有一位老師經常向那些自稱擁有三十餘年教學經驗的老師，提出這樣一個問題：「你是真的教了三十年書，還是，你只教了一年書，然後把它重複了三十年呢？」

聽得出這位老師的意思嗎？

俄國作家契訶夫說：「路是人的腳步走出來的，為了多闢幾條路，必須往沒有人的地方走去。」

你還在過著日復一日重複自己影子的生活嗎？每天問一問自己：今天和昨天有什麼不同，有什麼新的啟發？當你在生活中努力發揮自己的多元能動性，你才會知道未來充滿無限可能，只要自己願意去開創。

# 當自己命運的建築師

俄國作家奧斯特洛夫斯基曾說：「假如你有那麼一秒鐘的退縮，失去了對勝利、前進的信心，那麼勝利就會從你手中溜掉。」

自己命運的建築師。

人應該培養對自己的信心，只畏建立信心，就能克服眼前的障礙和困難，當

弱者把希望寄託於他人，強者把希望寄託在自己身上。

美國著名的小說家普拉格曼，某次長篇小說得獎，在頒獎典禮上，有位記者

問他：「到目前為止，你認為生命中讓你成功的關鍵轉折點，是在什麼時候？」

這時，他對著記者說了自己的一段親身經歷。

二次大戰中，他還沒讀完高中就到海軍服役。一九四四年八月，在一次海上戰鬥中他身負重傷，雙腿無法站立。為了保住他的生命，艦長緊急派了一個海軍下士開著小船，冒著危險將他送到戰地醫院。

誰知，在黑暗的大海中，小船漂流了四個多小時，還很不幸地迷失了方向，此外，隆隆的砲火聲音，也使掌舵的海軍下士害怕得失去了信心，準備拔槍自殺。

然而，傷勢嚴重的普拉格曼卻很鎮定地勸他：「別開槍，我有一種預感，你對自己要有信心和耐心，千萬不要絕望、慌亂，我們一定會找到方向的。」

話剛剛說完，突然對敵軍發射的高射砲在天空爆炸，照亮了海域，而他們也發現，小舟已經離戰地醫院的碼頭不遠了。

普拉格曼說，這個極具戲劇性的經歷，在自己的心中烙下相當深刻的印記。

從此，他堅信，即使面對失敗也要有耐心，絕不失望、驚慌，因為在最後時刻一定會有轉機，一定會出現勝利的曙光。

俄國作家奧斯特洛夫斯基曾說：「假如你有那麼一秒鐘的退縮，失去了對勝利、前進的信心，那麼勝利就會從你手中溜掉。」

怎麼讓危機變轉機，如何從逆境走向順境呢？

我們都知道要找方法解決，也知道要培養能力去改變，但在解決和改變前面，有一個大前題是：「不要放棄！」

人只要對自己充滿信心，就不會輕言放棄。

只要沒有放棄，機會就仍然在你的手上；只要不放棄，成功的方向一定會讓你找到。

靠著意志的培養和毅力的鍛鍊，把你的自信心好好培養起來，即使面臨再困苦的危難，都會有轉機出現。

# 有肚量才不會消化不良

與其把那些不愉快的情緒硬往肚子裡吞，不如學會將這些情緒消化成屬於自己的養分。

在工作場合中，你總是會碰到一些怎麼樣都跟自己合不來的人，不是這個人的個性讓你不敢領教，就是那個人老愛跟你唱反調……等等。

這些人也許是你的同事，也許是你的客戶，或者是你的老闆。

為了保住自己的飯碗，你只好硬著頭皮笑臉迎人，把那些厭惡的情緒硬「吞」進肚子裡。但是，這樣的處理方式，不但解決不了問題，只會讓自己「消化不良」而已。

有一個家庭，在父親去世之後，從人壽保險公司獲得了一萬美元的理賠。

母親想用這筆錢讓全家搬離貧民區，住進一棟有花園的房子；女兒則想利用剩下的錢，實現去醫學院讀書的夢想。

這時，兒子卻提出要求，希望拿這筆錢和朋友一起開創事業。他告訴母親，這筆錢可以使他成功，這樣一來，他不但能讓母親實現住進花園洋房的夢想，也能讓妹妹進入醫學院讀書。

兒子信誓旦旦地向母親和妹妹保證自己一定會成功，儘管妹妹對哥哥的計劃抱持疑慮，但是母親為了支持自己的兒子，雖然感到不安，還是把錢交給兒子，還說服女兒要相信自己的哥哥。

可以想見的，兒子的理想並沒有實現，因為他的朋友一拿到錢之後隨即逃逸無蹤。兒子見希望落了空，只能硬著頭皮請求家人原諒。

妹妹一聽說哥哥所有的錢都被騙走了，憤怒的心情可想而知，用盡每一個想

得出來的字眼來責罵哥哥。

奇怪的是，母親始終坐在一旁，不發一語。女兒好奇地問母親爲什麼不生氣。

母親溫和的對女兒說：「妳有沒有爲妳哥哥而難過？我不是指爲了失去錢而難過，而是爲了你哥哥所經歷的遭遇而難過。當一個人把事情做得很完美的時候，被稱讚或喜愛是天經地義的，可是，如果當一個人做錯事的時候，妳還依然喜愛他，那才是真正的寬宏大量。」

就跟故事中的母親對女兒的訓誡一樣，當一個人能力很強，個性也很好的時候，你和他相處愉快是很自然的。

只有在這個人處處讓你看不順眼的時候，你依然能和他相處愉快，這才是了不起的本事。

因此，與其把那些不愉快的情緒硬往肚子裡吞，不如學會讓自己的「肚子」轉變爲「肚量」。將這些情緒消化成屬於自己的養分，不是更好？

## 你為什麼覺得生活很痛苦？

白俄羅斯作家伊凡‧沙米亞金告誡世人：「要在自己身上找到力量來拯救自己的幸福，否則它就會被摧殘、玷污。」

覺得現在的工作讓你很痛苦嗎？

先停下腳步想想，你是用什麼樣的心態在進行，如果連一點樂趣也沒有，那就別再前進了，換個工作或者重新開始。

找出你主動學習的熱情，換個態度面對你的工作，釐清什麼是你想要的生活，整理你應該有的生活態度，如此一來，你才不會在埋怨中虛度一生。

有一位住在山區的農夫，每天都必須翻山越嶺地挑著兩大擔柴，到市集去販賣。他把所得的錢購買一天的糧食後，就細心地把剩餘的錢存好，供他兒子到城裡讀書。

有一年，當兒子放暑假回來時，農夫為了培養他吃苦耐勞的精神，便叫兒子幫他挑柴到市集去賣。

一直深受呵護的兒子不大情願地挑了兩擔柴，翻山越嶺地挑到市集去，但是這工作可把他給累壞了，只做了兩天，他就累得不能再做了。父親沒辦法，只好嘆了口氣，要兒子好好休息，自己挑柴去賣，好養家餬口。

可是，天有不測風雲，幾天之後，父親卻不幸病倒了，而且這一病就是半月。家裡頓時失去了經濟來源，眼看就要陷入絕境，兒子想不出其他辦法，只好主動地挑起生活的重擔，學著父親上山砍柴，然後再挑到市集裡販賣。

可是，這次他卻一點也不覺得累。

「兒子，別累壞了身子！」躺在床上的父親欣慰地看著兒子。

這時，兒子停下手中的工作，對父親說：「爸，眞是奇怪，剛開始你叫我挑柴的那兩天，我挑的擔子那麼輕，但卻覺得相當累，怎麼現在我挑得越來越重，反倒覺得擔子越來越輕了呢？」

父親開心地點點頭說：「那是因爲你已經把體力鍛鍊出來，還有就是，經過這次事件，你的心理也成熟不少的緣故。當你有了挑起重擔的勇氣，那麼擔子自然就會變輕！」

你明白這位父親所說的理由嗎？

當所有動作都是自發性的時候，那麼一個人對於自己挑起的擔子便不再感到辛苦；當心中沒有了抱怨，時間一久，不知不覺就會覺得甘之如飴，擔子自然也就挑得輕鬆又自在。

當兒子把換得的糧食帶回家時，從中所得到的滿足感，便是他擔子減輕的重

要助手。

白俄羅斯作家伊凡‧沙米亞金曾經在他的著作《夜幕中的閃光》中，這麼告誡世人：「要在自己身上找到力量來拯救自己的幸福，否則它就會被摧殘、玷污。」

當你能自動自發的行動，就會開始培養出興趣。

有了興趣，任何事情對你而言，就不會有所謂的辛苦存在，相反的，每天只會感到成就感不斷增加。

# 抬起頭，你就能看見生命的出口

俄國文豪托爾斯泰在《安娜卡列尼娜》裡說：「人生的一切變化，一切魅力，一切美麗，都是由光明和陰影交錯而成的。」

想要實現自己的生活目標，重點在於，不管我們身處什麼樣的環境，都必須抱定一個理想，並且不斷地努力爭取，如此一來，才有機會如願以償。

你應該相信，風雨過後將是碧海藍天，走過一段坎坷之後，出現在眼前的就會是一條平坦大道。

有一個資深的登山老手和他的同伴們，在一片迷濛峽谷中迷失了方向，一群人走了三天四夜，都沒有辦法走出深谷。

「為什麼我們走了這麼久還走不出峽谷？我心裡好害怕，為什麼世上就不能只有一帆風順？為什麼非得要逼我們走入絕境？」一位同伴絕望地說。

這位登山老手安慰他說：「世上怎麼可能只有成功而沒有挫折呢？你想想，沒有挫折哪會有成功，挫折與成功就好比這峽谷與高山，沒有這峽谷哪來的高山！」

「可是，遇到挫折實在很折磨人，就像現在，我們被困在峽谷之中，唯一能做的不就是等死而已嗎？」

這位同伴有點歇斯底里地回應。

登山老手感慨地說：「你之所以會這麼悲觀，完全是因為你一直低著頭走路啊！」

「難道抬頭走就能找到出路？」同伴抬起頭仰望天空。

「當你抬頭的時候，你看到了什麼？」登山老手問。

「除了高山還是高山啊！」同伴答。

這位登山隊員笑著說：「這就對了，我每次遇到危險的時候，都是這樣抬著頭，一步步走向平安的處所！」

不久之後，這群重新燃起希望的登山客，終於在這位登山老手帶領下，走出了峽谷。

俄國文豪托爾斯泰在《安娜卡列尼娜》裡寫過一段值得省思的話，他這麼說：

「人生的一切變化，一切魅力，一切美麗，都是由光明和陰影交錯而成的。」

是的，不管是你將碰上或正遇到什麼挫折和困難，都要有充分的認識和心理準備。因為環境的不同，每個人的抗壓和解決能力都各有不同，在不同的環境中也會有不一樣的解決方式，不過，只要充滿積極樂觀的想法，就一定能找到生命的出口。

不管目前的生活環境有多麼困頓，你都必須激勵自己，人生路不可能永遠筆

直又平坦，就算行走在馬路上，也一定會遇到岔路，必須轉彎才能走向目的的。

所以，當我們遇到困難和逆境時，不要徬徨迷惘，也別灰心喪氣，更不應該因為一時的挫折而輕言放棄。

心寬，路就寬。換個角度想想自己的璀璨遠景，抬頭看看無邊無際的天空，你是不是看見了生命的寬廣？

# 父母的心，是從不上鎖的門

為人子女者，只要能讓父母天天都過父親節、母親節，對父母而言，就是世界上最珍貴的禮物了。

不論是達官顯貴還是市井小民，一旦面對著自己的子女，他們的身分就只有一種，那就是父母。

再顯赫的身分地位，只要一卸下這層社會的外衣，就立刻成為為子女做牛做馬，無怨無悔的父母。

有一個在蘇格蘭長大的女孩，跟時下許多年輕人一樣，厭倦了枯燥乏味的學校生活和父母嚴格的管制，因此決定離開家，想要靠自己努力，實現成為大明星的願望。

這個懷抱明星夢離家的女孩，離開家沒多久，就發現原來外面的世界並沒有如她想像的那樣容易。經過多次挫折、打擊之後，女孩日漸沉淪，最後終於只能流落街頭，開始出賣肉體養活自己。

就這樣過了許多年，女孩的父親過世了，母親也漸漸老去了，可是女孩仍然在泥沼中過著醉生夢死的生活。

這段期間，女孩從來沒有和家人連絡，可是女孩的母親卻沒有放棄尋找女孩的下落。自從女孩離開家之後，父母兩人印了許多附有全家福照片的尋人啟事到處散發、張貼。照片下面有一行手寫的字：「我們一直愛著妳，回家吧！」

有一天，女孩走進一家收容所，準備領一份免費午餐。就在她排隊的時候，視線從告示欄裡隨意掃過，忽然，她看到一張泛黃的尋人啟事，上面的照片雖然有些模糊，但是女孩還是一眼就認了出來。

女孩掙脫出擁擠的人群，站到告示欄面前，看著尋人啟事下面的字，眼淚開始掉了下來。

經過了這麼多年，女孩不奢望父母還會希望她回去，但是，她還是決定回家看看。女孩走到家門前的時候，心中猶豫著自己到底該不該進去，但她還是下定決心敲門。

才敲了一下，門就開了，原來門並沒有鎖。女孩遲疑地走進家門，望著在廚房的母親年邁的背影，輕輕喊了一聲：「媽！」

母親回過頭來，看見離家出走的女兒終於回來了，兩人緊緊相擁而泣，母親泣不成聲地說：「從妳離開家之後，這扇門就再也沒有上鎖，因為我知道妳一定會回來的！」

對父母親來說，子女永遠是他們一生最大的快樂和滿足，也是一生當中最甜蜜的負荷。

但在現代的社會中，子女對父母親的情感卻越來越疏離冷漠。

很多子女以為在父親節或母親節等節日送送禮物就算是孝順，其實，節日的目的是為了給平時不善於表達的人，一個表達真心的機會，可是卻演變成只重形式的結果。

為人子女者，只要能讓父母天天都過父親節、母親節，對父母而言，就是世界上最珍貴的禮物了。

# PART 7

# 痛苦，
# 會讓你脫胎換骨

美國作家華盛頓‧歐文在《見聞札記》裡寫道：
「小人物在不幸中卑躬屈膝，
大人物在不幸中挺身而起。」

# 失去了信念，你就會失去了一切

法國思想家沙特在解釋「存在主義」時說：「只有當一個人堅定自己的信念時，他才有生存下去的勇氣。」

懂得將眼光放遠的人，世界將無比遼闊，絕對不會讓自己陷入負面情境，他們會讓自己站得更高，看得更遠，望向更寬廣的世界。

你為什麼而活著，又用什麼角度看待你的人生？

先認清你的生命態度，那麼，就算再顛簸的路，也會因為你清楚自己的人生目標而被雙腳踏平。

在紐約警局發生過一個真實的悲慘故事。

有位叫亞瑟爾的警察，在一次追捕行動中，被歹徒用槍射中了他的左眼和右腿膝蓋。

三個月後當他從醫院裡出來時，外表完全變了個樣，原本他是高大魁梧、雙目炯炯有神的年輕人，如今卻成了一個又瞎又跛的殘障人士。

紐約市政府和各種打擊犯罪組織頒給了他許多勳章和錦旗，他在接受訪問時，有個電台記者曾問他：「您以後將如何面對這個厄運呢？」

他充滿怨恨地回答說：「我只知道歹徒到現在都還沒有繩之以法，我發誓要親手把他抓到！」

亞瑟爾不顧任何人的勸阻，展開了追捕那個歹徒的行動，他幾乎跑遍了整個美國，甚至有次為了一個線索獨自搭機到歐洲去。

九年之後，那個歹徒終於在亞洲某個小國被逮捕，引渡回美國受審，這當然

必須歸功於亞瑟鍥而不捨的追捕。在慶功會上，他再次成了英雄，許多媒體稱讚

他是全美最堅強勇敢的人。

但是，誰也沒有想到幾天之後，亞瑟爾竟然割腕自殺，留下遺書說：「這些

年來，讓我活下去的信念就是抓住兇手……現在，傷害我的兇手已經判刑，我的

仇恨化解了，生存的信念也隨之消失。面對自己的傷殘，我從來沒有像現在這樣

絕望過……」

法國思想家沙特在解釋「存在主義」時說：「只有當一個人堅定自己的信念

時，他才有生存下去的勇氣。」

亞瑟的結局很悲壯，卻又有那麼點滑稽，九年的艱苦日子都走過來了，到了

最後為什麼還會喪失生存的信念呢？

生命很脆弱，人的一生能有多少機會經歷大難而不死？

也許我們不能苟責亞瑟爾，但是在活下來的緝兇過程中，他卻看不見生命的

難能可貴，也許應該說，在被兇手射傷的那一刻，他早已經死去，支撐他肉體繼續存活的是一股旺盛的復仇意念。

後來，亞瑟爾之所以失去了生存的意念，其實是他已經不知道自己為什麼要活下來。

亞瑟的故事不斷提醒我們，不管經歷多大的困難，不管面對了多大的生命困境，失去一隻眼睛，少了一條腿，這些都並不要緊，可一旦失去了積極活下去的信念，就什麼都失去了。

# 充滿鬥志就能創造自己的價值

印度詩聖泰戈爾在《沉船》中寫道：「上天完全是為了堅強我們的意志，才在我們的道路上設下重重的障礙。」

不管你眼前的際遇如何，都要充滿鬥志，不能小看自己。

調整好自己的心態，建立充分的自信，客觀審視自己，永遠懷抱希望，有助於自己走好往後的人生旅程。

生活是一場「戰鬥」，無論身處什麼社會地位，人只要勇於追求自己的夢想，都有生存的價值和意義。

一個人只要對生活抱持真誠的態度，那麼他不僅擁有了當下，也能掌控未來。

牛頓是英國格雷哈姆附近一個地產商的兒子，拉普拉斯則是漢弗勒爾附近的波蒙特福奇一位貧窮農民的兒子。

他們的生活有著不同的困境，但這兩位傑出科學家盡情發揮他們的天賦，終究在自己專精的領域功成名就，這種成就是任何財富也無法買到的。

天文學家兼數學家拉格萊姆的父親，原本在都靈擔任戰地財務主管，然而卻因為多次從事投機的生意，把家產全部賠光了，拉格萊姆一家從此生活貧困。

但是，功成名就之後，拉格萊姆總習慣把他的成就和幸福，歸功於當初的艱困生活條件對他的磨練。

拉格萊姆說：「如果當初我的生活是富裕的話，很可能今天的我，就當不成數學家了。」

印度詩聖泰戈爾在《沉船》中寫道：「上天完全是為了堅強我們的意志，才在我們的道路上設下重重的障礙。」

許多成功人士都是憑著自己的努力和充滿活力的奮鬥，從最低微的社會底層攀爬到具有影響力的傑出地位。

因此，我們可以這麼說：「不幸，是一所最好的大學。」

身處困境或出身低微並不可恥，可恥的是在貧困中沉淪、墮落。在困境中，你越要激勵自己奮發向上，因為，艱困的情況將會是你走向成功不可或缺的有利條件。

# 勇氣會讓你逢凶化吉

英國桂冠詩人華茲華斯說：「堅韌是成功的一大因素。只要在門上敲得夠久、夠大聲，一定可以把裡頭的人叫醒。」

逆境是通往成功的唯一道路，也是鍛鍊意志的最高學府。

鋼鐵之所以堅硬，是因為它在烈火裡燃燒，又在冰水裡冷卻。人生其實也是如此，唯有遭遇過超越常人的苦難，才能獲得超越常人的成功。

一八六四年九月三日，瑞典首都斯德哥爾摩近郊的一家工廠，突然傳出一連

串震耳欲聾的爆炸巨響，頓時濃煙佈滿天空，火舌不斷竄燒，短短幾分鐘時間，

化學家諾貝爾前半生的心血化為灰燼。

消防隊和當地民眾趕到出事現場時，只見原來的工廠已經蕩然無存，無情的

大火吞沒了一切。

諾貝爾呆楞地站在火場旁邊，這場突如其來的災禍，把他嚇得面無人色，全

身不住地顫抖著。

消防隊從瓦礫中找出了五具屍體，其中一個是他正在大學讀書的小弟，另外

四個人則是和他情同手足的助手。

諾貝爾的母親得知小兒子慘死的噩耗，不禁悲痛欲絕，而他的父親因為受到

刺激而中風，從此半身癱瘓。

然而，遭遇這麼巨大的痛苦和失敗，並沒有讓諾貝爾就此放棄研發工作。

悲劇發生後，警察立即封鎖了出事現場，並嚴禁諾貝爾恢復工廠，當地民眾

也像躲避瘟神一樣避開他，沒有人願意再出租土地讓他進行高危險性的實驗。

但是，這一連串挫敗和打擊，並沒有讓諾貝爾退縮。

幾天之後，有人發現離市區很遠的馬拉崙湖上，出現了一艘巨大的平底駁船，船上擺滿了各種實驗設備，有個人正全神貫注地進行一項神秘的試驗。他就是在大爆炸後，被當地居民趕走的諾貝爾！

因為充滿信心和勇氣，諾貝爾多次逢凶化吉，經過多次充滿危險的實驗，諾貝爾沒有和他的駁船一起葬身魚腹，反而發明了雷管，這是爆炸學上的一項重大突破。

接著，他又在德國漢堡等地建立了炸藥公司。

一時之間，諾貝爾生產的炸藥成了搶手貨，源源不斷的訂貨單從世界各地傳來，他的財富也與日俱增。

儘管獲得成功的諾貝爾並沒有擺脫挫折，但是，接踵而至的災難和困境，並沒有讓諾貝爾嚇倒，更沒有一蹶不振。

毅力和恆心，使他堅忍不拔，把挫折踩在腳下，也贏得了成功。他一生當中，總共獲得了三百五十五個發明權的專利，還用自己的財富創立了諾貝爾獎，這些獎項至今仍被國際視為一種至高無上的榮譽。

一個人的成就永遠跟他身處逆境時，所展現的自信成正比。

一個人之所以能夠成功，並不在於深處順境展現多少能力，而是在於聽到不好的訊息之時，感到徬徨迷惑之時，能否告訴自己一定要充滿信心，然後用堅毅不撓地扭轉自己所處的逆境。

英國桂冠詩人華茲華斯說：「堅韌是成功的一大因素。只要在門上敲得夠久、夠大聲，一定可以把裡頭的人叫醒。」

從諾貝爾獲得成功的過程中，反省一下自己曾經遇上的困難，是不是根本就微不足道？

諾貝爾堅忍不拔的勇氣，有沒有讓你面對困難更加有了信心？

想實現目標，你必需要有越挫越勇的能量，能跌倒了再站起來，這些是成功的過程中不可缺少的必備條件！

# 成功的秘密，就在於失敗經驗的累積

有位哲人曾經說過一句雋永的話語：「得到成功的最好方法，就是增加失敗的比例。」

一個人能否創造出一番成就，關鍵往往在於是否懂得用積極、樂觀、開闊的態度，面對人生過程中的失敗挫折。

只有經歷過失敗的人才會知道，什麼是致勝秘訣，因為唯有經由失敗的教訓，你才有機會尋找出全新的觀點和方法。

根據統計，一九七九年一整年，波士頓拳擊明星詹姆斯被擊中的記錄竟然高達三千多下。

有一位記者揶揄地問：「挨了這麼多拳，你不怕腦袋受影響嗎？」

他笑著回答說：「怎麼會呢？其實，我就是因為這些打擊，腦袋才變得聰明起來。」

對詹姆斯來說，失敗與成功是他生活路上兩個必備的元素，想成功就要有失敗的經驗；有了失敗，才有更多成功的機會。

有位年輕的記者曾經問愛迪生這樣一個問題：「愛迪生先生，當你在實驗或發明的時候，一定會遇上很多困難和麻煩，不知道當你成功的時候有何感受？」

愛迪生回答：「年輕人，你才剛開始你的人生，送你一個觀念，相信會讓你受益無窮。其實，我從來就沒有失敗過，因為這些阻礙讓我成功地發現，哪些方法對於發明根本沒有任何作用。」

是不是很有趣的啟示？

如果愛迪生把每一個失敗都視為失敗，處處受限於困難的情境中，也許會讓他消沉，但是他卻把失敗都視為另一種成功，因而才有勇氣更積極地進行下一個「成功的發現」。

你呢？對於挫折和失敗經驗，你都怎麼看待？

只要你永不放棄，失敗就會是你為成功加分的小法碼。

有位哲人曾經說過一句雋永的話語：「得到成功的最好方法，就是增加失敗的比例。」

因為，只要你能認真把每一個失敗的經驗整理起來，仔細評析失敗的原因，找出癥結所在，並引為警惕，自然不會重蹈覆轍，那麼每一次失敗也就等於縮短成功的距離了。

換句話說，雖然你無法掌控眼前發生的事，但是，你卻可以完全掌握自己對它的反應。

你的反應代表你對生命掌握的能力，你可以選擇被失敗的巨浪淹沒，也可以像衝浪高手那樣站在巨浪的頂端。

失敗只是人生路途中的一個逗點，如果你就這樣停留在這個「點」上，不再繼續向前，那麼你註定是一個失敗者。

當然，倘使你把失敗視為一個休息站，補足了體力就準備再出發，那麼你爬上高峰的機會便又再進一步，而且接下來，不管再多的風雪阻撓，你都一定能克服。

# 痛苦，會讓你脫胎換骨

美國作家華盛頓‧歐文在《見聞札記》裡寫道：「小人物在不幸中卑躬屈膝，大人物在不幸中挺身而起。」

為什麼最珍貴的植物往往得在深山裡才找得到？為什麼最新奇古怪的海洋生物都生活在最深層的海底？

這些植物或生物是在人們找尋的時候才被發現，它們生長的環境是那樣的惡劣，但正因為生長不易，它們也往往具備了其他動植物所沒有的價值，人生不也正是如此嗎？

在里昂的一次社交宴會上，與會的賓客因為討論掛在牆上的一幅油畫而發生了爭論，主人看到雙方的爭執越來越激烈，為了緩和氣氛，便轉身找來一個年輕僕人解釋這幅作品。

起初，客人們對主人的做法深深不以為然，但是，令他們驚訝的是，這僕人的解說有條不紊，深具說服力，眾人的爭論立刻被平息下來。

一位客人感到相當納悶，便態度恭敬的問這僕人：「先生，您真是學識淵博，是從什麼學校畢業的？」

這位年輕僕人不卑不亢地回答說：「我在很多學校學習過，但是，讓我花最多時間也獲得最大的收益，就是『苦難』。」

這位年輕僕人的苦難遭遇，對他而言很有助益，儘管當時的他只是一個貧窮而低微的僕人，但是不久之後，他便以卓越的智慧震驚了整個歐洲，而且舉世聞名，他就是法國最著名的哲學家盧梭。

有一位名叫道格拉斯的黑奴，從小連最基本的身體都不屬於自己，因為在他出生之前，就被家人拿去抵債了，出生之後，他就註定有一段辛苦的人生路要走。

因此，道格拉斯成長的過程中，不僅沒有機會上學讀書，連農場主人也不允許他自修學習。

但是，道格拉斯並沒有放棄自修，只要主人一不注意，他就會從廢報紙、藥單、日曆上學習文字，而且非常努力，從不間斷。

二十一歲的時候，道格拉斯逃離了農場，到北方的紐約當搬運工，並參加反奴隸運動。

後來，他在紐約辦過報紙，在華盛頓編輯過《新時代》雜誌，而且還成為哥倫比亞地區聯邦法官和美國的第一個黑人議員。

美國作家華盛頓・歐文在《見聞札記》裡寫道：「小人物在不幸中卑躬屈膝，

大人物在不幸中挺身而起。」

在肥沃的土地上會有盛開的美麗花朵，但強風一掃就會傾倒，唯有那些從岩縫中生長的參天大樹，才能在狂風暴雨中屹立不搖。

不管工作、生活或人際交往，都會有不順遂的時候，其實，只要我們願意換個角度面對，糾葛就能迎刃而解。

生命的痛苦和磨難，往往是一個人脫胎換骨、向上躍昇的契機。沒有經歷過坎坷磨難的人，永遠領略不到人生的美好，永遠不會超越常人的成就。

# 你為什麼只有羨慕的份？

德國詩人海涅在《還鄉集》裡寫道：「我的心啊，你要忍受命運的打擊。冬天奪走的東西，到了新春就又會還給你。」

才跌倒了幾次，你就再也不站起來嗎？

如果是這樣，那你就像那些被魚刺噎了一次，就再也不願嘗試魚鮮美味的人一樣，想獲得成功，無異是件緣木求魚的事！

「百折不撓」不僅僅是一句掛在嘴上的成語，而是你可以付諸實現的座右銘，當你看著別人的成功而欣羨不已，不如鼓起勇氣告訴自己：「再多的困難我都不怕。」

有一位將軍的朋友非常欣羨他擁有的財產和好運氣，每當這個時候，這位將軍就會淡淡地說：「你嫉妒嗎？其實，你也可以很簡單就得到這些財富。」

他會帶著朋友到院子裡去，然後對他說：「你往前走，站在距離我五十步的位置，我用這支手槍對你開個兩槍，如果我不能打中你，我的所有財產都歸你，如何？」

友人一聽，莫不嚇了一大跳，顫抖著身子說：「我一點也沒有嫉妒你，你別開玩笑了。」

這位將軍接著會嚴肅地對他們說：「你不願意嗎？很好，那麼請你記住，我今天的一切都是在槍林彈雨中努力得來的，我經歷好幾次出生入死的過程，才到達你們所羨慕的成就，我所有的付出和辛苦是你們所想像不到的。」

德國詩人海涅在《還鄉集》裡寫道：「我的心啊，你要忍受命運的打擊。冬天奪走的東西，到了新春就又會還給你。」

任何有成就的人或你心目中的偉人，沒有一個不是經歷了種種挫折和苦難，歷經了千辛萬苦才走到今天的輝煌境地。

他們有一個共同的特色，就是百折不撓、越挫越勇，磨練了一身好功夫後，才在劇烈的競爭中嶄露頭角，脫穎而出。

很多人只會羨慕別人功成名就，老是嫉妒別人的幸福富裕，卻看不見他們的辛苦付出，看不見他們走在危險路上的努力痕跡。

麻煩闖上你那羨慕的眼神，先好好做個功課，探究他們的成功過程，你就會知道為什麼你只有羨慕的份了。

倘使不想只是羨慕，那就請你好好努力。

不要害怕困境，人生裡每一個問題的出現，其實都有特殊的用意，只要你能百折不撓地面對每一個難題，你也能長久擁有得來不易的成功。

# 羨慕別人，不如欣賞自己

沒有人是完美的，每個人都會有缺點，所以，如果對保持自我沒有自信的話，那麼就先從改變自己的缺點開始吧！

每個人在這個世界上都是獨一無二的個體，都具備著別人無法模仿、只屬於自己的特質。

所以，與其花時間羨慕別人的特質，不如好好培養自己，也許還能讓別人反過來欣賞你。

伊笛絲從小就是個敏感內向的女孩，她一直覺得自己的身材太胖，再加上她有一個嚴肅古板的母親，認為漂亮的衣服是一種浪費，所以伊笛絲沒有什麼好看的衣服，也從來都不敢和其他的孩子一起玩。

於是，久而久之，伊笛絲開始覺得自己和其他的人「不一樣」，認為自己不討人喜歡。即使長大嫁人了，她的個性還是一點也沒有改變。因為丈夫一家人都是十分有自信的人，所以，伊笛絲也盡力地想像他們一樣，但是不管怎麼模仿，她就是無法對自己產生信心。

丈夫和他的家人們為了讓伊笛絲可以變得開朗一些，都儘量不去糾正她的自卑心理，但這種方式反而讓她更退縮。

結果，伊笛絲變得更緊張不安，不但躲開所有的朋友，也開始足不出戶，總是悶悶不樂的。終於，伊笛絲再也忍受不了自己了！她很想做些什麼改變，正好，她婆婆的一句話，改變了伊笛絲的生活。

伊笛絲聽到婆婆正和朋友們談論自己怎麼教育小孩，婆婆說：「不論如何，我都要求他們保持自我。」

刹那間，伊笛絲發現自己之所以那麼苦惱，就是因為她一直試著讓自己扮演一個不適合的角色。伊笛絲想通了，從此之後，她不再對自己的個性感到自卑，開始挖掘自己所擁有的優點。就這樣，伊笛絲逐漸對自己產生了信心，也不再像以前一樣，那麼愛鑽牛角尖了。

保持自我不是一件容易的事，因為，並不是每個人都會對自己感到滿意，因此潛意識裡總是忍不住要羨慕別人。

不過，我們同時也應該了解到，這個世界上沒有一個人是完美的，每個人都會有缺點，所以，如果你對保持自我的優點沒有自信的話，那麼就先從改變自己的缺點開始吧！

當改變了自己的缺點之後，你就會發現，以前不曾發現的優點，也同時自然而然地呈現出來了。只要能發掘出自己的優點，你的信心必然會日漸增加，那麼也就能慢慢地開始欣賞自己了。

PART

# 煩惱，都是因為
# 自己胡思亂想

如果我們在面對各種競爭時，
內心仍然可以優游自得的話，
那無論外在環境如何變遷，
我們自然就能以冷靜的態度來面對。

# 煩惱，都是因為自己胡思亂想

如果我們在面對各種競爭時，內心仍然可以優游自得的話，那無論外在環境如何變遷，我們自然就能以冷靜的態度來面對。

現代人最大的煩惱，就是「煩惱太多」。

現代社會競爭激烈，幾乎從一出生開始，就必須面對競爭。小時候是學業成績的競爭，出了社會是工作競爭，等年紀大了，又為了自己的孩子而要與別人競爭。由這些競爭衍生出來的煩惱，自然就不勝枚舉了。

以下這個故事，或許會給你一些啟示。

有一個小沙彌正在學習如何入定，可是每一次他快要入定時，旁邊都會出現一隻大蜘蛛來搗亂，讓他沒辦法專心。

小沙彌無可奈何之下，只好請教老和尚。

小沙彌對老和尚說：「師父，我每次要入定時，都會有一隻大蜘蛛出來搗亂，趕也趕不走，該怎麼辦呢？」

老和尚回答：「這樣吧，你下次準備入定之時，先準備一枝筆拿在手上。如果大蜘蛛再出來搗亂，你就在蜘蛛的肚皮上畫一個圈，看看到底是什麼妖怪在擾亂你？」

小沙彌遵照老和尚的囑咐，準備一枝筆拿在手上。等到準備入定時，大蜘蛛果然又出現了，小沙彌馬上拿起筆在蜘蛛的肚皮上畫了個圈圈。

沒想到才畫好，大蜘蛛就不見了，因為沒了大蜘蛛，所以小沙彌能夠安心的入定，再也沒有被干擾。

過了好長一會，小沙彌結束入定，睜開眼睛一看，赫然發現原來畫在大蜘蛛肚皮上的那個圓圈，竟然出現在自己的肚皮上！

這時候，小沙彌才明白，原來一直在入定時擾亂自己的蜘蛛，不是來自外界，而是源自於自己的思想。

從此，他對修行才有了更高境界的領悟。

小沙彌的困擾來自於自己，這也說明了我們絕大部分的煩惱，都是自己的胡思亂想。

有一句話說：「天下本無事，庸人自擾之」，世界上的事往往就是這樣，外在環境會產生變化是自然的，就像激烈的競爭，是因為社會飛速進步的關係一樣。

真正會產生決定性因素的，反而是我們內心的想法。如果我們在面對各種競爭時，內心仍然可以優游自得的話，那無論外在環境如何變遷，我們自然就能以冷靜的態度來面對，不該有的煩惱也因此而減少許多。

# 適度吝嗇，有何不可？

如果你清楚自己的目標，在完成目標之前，要是有人以吝嗇來嘲笑你，你大可以理直氣壯的承認：沒錯，我就是「吝嗇」！

在一般人的認知裡，「吝嗇」代表著小氣、斤斤計較、不好相處……等，都是負面的印象，幾乎不會有人認為吝嗇也是有好處的。

但是，吝嗇是不是真的那麼不好？

看過了下面的故事之後，相信你對吝嗇的定義，會有一番不同的看法。

居禮夫人和居禮先生結婚的時候，夫妻兩人住的房子裡，只有兩把椅子，兩個人正好一人一把。

居禮先生覺得只有兩把椅子未免太少了，便建議居禮夫人多買幾把椅子，這樣一來，如果有客人來了，才方便招待，讓客人多坐一會。

居禮夫人聽了，搖搖頭對居禮先生說：「多買幾把椅子是沒有關係，可是，如果椅子多了，客人留在家裡面的時間就會長了。我們為了招待客人，勢必會浪費很多時間。為了我們的研究工作著想，還是只要兩把椅子就夠了。」

就這樣過了幾年，這對沒有給自己的房子增加一把椅子的年輕夫婦，卻給化學界增加了兩種嶄新的化學元素——釙和鐳。

到了一九三三年，居禮夫人的名望已經是如日中天，薪水也已經增加到一年四萬法郎。

雖然居禮夫人已經有能力過富裕的生活，但是她依然「吝嗇」如昔。

每次從國外回來，她總會帶回一些國外首長宴請她的菜單。因為，這些菜單都是用很厚很好的紙張印製的，在這些紙張的背面書寫物理、數學算式都非常好

用。

除此之外，居禮夫人的一件毛料大衣可以穿二十年之久，而且她毫不介意。

有人因此形容居禮夫人「一直到死，還像一個忙碌得貧窮婦人」。

有一次，一位美國記者為了訪問居禮夫人這位名學者，特地來到她居住的小鎮。這位記者向一位低著頭、赤著腳坐在一幢房子門口石板上的婦人打聽居禮夫人的住所時，當這位婦人抬起頭，記者不禁大吃一驚，原來這個看起來毫不起眼的婦人，就是居禮夫人！

其實，居禮夫人並不是吝嗇，只是因為她很清楚自己的目標是什麼，為了不浪費額外的時間在瑣事上，才會讓其他人誤以為居禮夫人很「吝嗇」。

居禮夫人的故事，讓「吝嗇」有了截然不同的意義。

她不買新的椅子，是不想被別人打擾她的研究：她使用菜單的背面來計算，是為了節省書寫的力氣，好用來做其他的事：她一件衣服穿二十年，是因為她覺

得她的頭腦比外表重要，與其花時間裝扮自己，不如用這些時間讓自己做更多的發明貢獻。

由此可知，任何事物都具備正反兩面的意義，要呈現哪一方面的意義，完全操控在你的行為。

居禮夫人用她的行動推翻了吝嗇給人的負面印象，如果你像居禮夫人一樣清楚自己的奮鬥目標，在孜孜不倦完成目標之前，要是有人以吝嗇來嘲笑你，你大可以理直氣壯地承認：沒錯，我就是「吝嗇」！

# 自然，是美麗的最高境界

美麗的最高境界就是自然，濃妝艷抹給人的印象，遠不如清新自然來得討人喜歡。

每個人多多少少都會對自己的外表感到不滿意，想要變得更美，尤其是女性，對外貌斤斤計較的程度，由媒體上花樣百出的各種塑身廣告、美容產品等就可以窺知一二。

當然，愛美是人共通的天性，但不是每個人都懂得用對的方法讓自己更美，否則也不會有這麼多弄巧成拙的新聞出現。

某家唱片公司傾全力要塑造出一位年輕的偶像男歌手，除了進行長期歌唱技巧訓練之外，還安排了服裝儀容訓練、說話技巧訓練等各式各樣的課程，希望能夠讓這位新人一砲而紅，成為耀眼的明日之星。

經過長期的訓練，這個新人果然脫離原本的青澀稚嫩，才剛出道，上電視節目宣傳時說起話來不但頭頭是道、有條有理，不遜於主持人，服裝造型也沒有絲毫瑕疵，歌唱技巧更是無懈可擊。

這麼完美、搶眼的新人，自然受到媒體的注意。可是，奇怪的是，唱片公司努力了兩年，耗費了許多成本訓練出的新人，卻始終沒有成為一鳴驚人的偶像。

唱片公司百思不解新人沒有辦法成為偶像的原因，於是，決定請一位知名的形象專家重新來為新人塑造形象。專家一出手，情況果然就大不相同，才短短幾個月，新人就成為紅遍大街小巷的超級偶像。

專家讓新人翻身的方法非常簡單，首先，不但沒有再繼續訓練新人，反而還

停止一些沒有必要的訓練課程，外表的造型也由原來的光鮮亮麗恢復平凡。專家儘量拿掉新人的外在包裝，並且要求新人恢復大男孩原本該有的青澀模樣，不要故作成熟穩重。

專家對新人說，就算回答問題時講話結巴也沒有關係。

就這樣，新人去除了多餘的包裝，遇到敏感的問題還會臉紅的模樣，深受歌迷們喜愛，而說起話來欲言又止的樣子更是讓歌迷們心動。很快的，新人果然不負唱片公司所望，成為眾所矚目的偶像。

美麗的最高境界就是自然──自信自在做自己，濃妝艷抹給人的印象，遠不如清新自然來得討人喜歡。

就算是整形，也沒有人希望整形後的結果會看起來很假，可見每個人心目中對美的看法，還是以自然為基礎。

其實，所謂的自然，簡單說就是「適合自己」。只要能找出最適合你的裝扮，

專屬於你個人的美就會自然散發出來。這種自然美，才是別人無論如何也模仿不來的。

一個人的成就，大部分來自於他不在乎那些別人低估自己的評論，不論別人如何低估自己、看衰自己，絕對不會受到別人的影響而「小看自己」，如此，才能在別人一片不看好自己的情況下，活出自己的自信人生。

/ 237 /

# 充滿熱忱就是快樂的法門

快樂的條件不在金錢多寡，不在外表是否漂亮，也不在頭腦是否精明。快樂的真諦，在於擁有理想和希望。

快樂的定義有很多，根據世俗的定義，快樂不外乎要有充足的金錢、漂亮的外表或是聰明的頭腦……等等。

但是，當這些東西你都有了，是不是就一定會快樂呢？

大家都知道希爾頓飯店是世界知名的連鎖飯店，可是卻很少人知道，希爾頓

飯店的創辦者康那特‧尼柯爾森‧希爾頓是直到三十一歲的時候，才下定決心經營旅館的。

在這之前，希爾頓曾經做過許多不同的工作，也因為這些工作，使他累積了各式各樣的經驗，成為他日後經營飯店時最重要的參考。

除了經驗之外，行銷學者觀察出希爾頓另一個成功的要素，就是隨時隨地讓自己保持熱忱。

希爾頓曾經說過，只要讓自己樂在工作，熱忱自然而然就會跟著出現，因為快樂的心境能讓自己的身心保持年輕狀態，而充滿著熱忱。

一個老邁且孤獨的富翁，不會比一對為子女勞碌的貧窮夫妻來得快樂；同樣的，一個嬌生慣養，從小到大養尊處優的青年，不見得會比一個獨立自主的人來得快樂。

由此可知，一個沒有未來的人，或是不知道未來在哪裡的人，是很難得到真

正的快樂的。

就像希爾頓一樣，即使在三十一歲才決定開創自己的事業，也因為具備快樂的特質，讓自己的事業能夠成功。

可見快樂的條件不在金錢多寡，不在外表是否漂亮，也不在頭腦是否精明。

快樂的真諦，在於擁有理想和希望。

世界上有太多人只會坐視時間流逝，卻不懂得掌握有限的時間，積極完成自己的夢想，為自己創造奇蹟。

放下痛苦
你才會過得幸福
/ 240 /

## 掙脫忙碌的假象

如果我們只知道忙碌工作，而不適時放鬆自己的話，隨之而來的壓力總有一天會把我們壓垮。

我們生活在一個緊張而且異常匆忙的時代，不管做什麼事，我們都已經習慣了匆忙的步調。因為我們認為「時間就是金錢」，所以就算是自己的親人，我們也沒有辦法停下來關心他們。

久而久之，感覺麻木了，心靈空虛了，連最重要的工作，也逐漸失去意義。

古希臘時代的歷史學家希羅多德，曾經詳細紀錄過偉大的埃及國王阿馬西斯的言行舉止。

根據希羅多德的記載，每天天才剛亮，阿馬西斯國王就開始工作，審閱從各地來的公文。

然而，一到中午，阿馬西斯國王就會停止所有正在進行的會議或者審判，整個中午都不工作，悠閒地和其他官員、軍隊將領們一起吃豐盛的午餐。

在午餐時間，大家一起講故事、說笑話、玩遊戲和痛飲麥酒，在這個時候，君臣之間該有的禮儀都不重要了。根希羅多德的記錄，阿馬西斯國王的行為，有時候還比大臣們還要瘋狂！

有一次，阿馬西斯國王的幕僚告訴他，有人對他的行為很不滿意，認為國王的行為應該是高尚的，這樣才能與王室尊貴的身份相配。

阿馬西斯國王聽完幕僚的話之後，說道：「弓箭手會在上戰場前將弦拉緊，等到戰爭結束後，就又會把它放鬆。因為如果不放鬆的話，弓弦就會失去彈性，等下一次弓箭手需要用它時，它就已經毫無用處了。」

希羅多德沒有在其他政事上對阿馬西斯國王有太多的著墨，但是根據歷史的記載，阿馬西斯國王統治時期，是埃及歷史上最繁盛的時期。

在經濟不景氣，物價又不斷飆漲的年代，許多不想淪為赤貧階級的人，不得不更賣力工作，總是為了不確定的生活苦惱不已。

但是，如果我們只知道忙碌工作，而不適時放鬆自己的話，隨之而來的壓力總有一天會把我們壓垮。

要是我們學會在忙碌的生活中，分配出與別人交流的時間，不但能增進人際關係的和諧，我們自己也能適時得到一個喘息的機會。

現代人當然要讓忙碌成為自己生活的一部分，但千萬不要讓它成為全部。

# 青春不在於年齡，而在於心境

摩里斯・梅特林克說：「你和自己的信仰同樣的年輕，也和自己的疑惑同樣衰老；和你的信心同樣年輕，也和你的恐懼感同樣衰老。」

英國散文作家哈滋里特曾經寫過一段話：「在青春時期，有一種永生不滅的心境，它使我們在一切事物上不斷改進。享有青春年華，就有如成為一個長生不朽的神仙。」

青春不是指人生中的年輕時光，而是指一個人的精神狀態。它不僅僅是外表的神采奕奕，更是堅定的意志力、豐富的想像力、愉悅的生命力的自然流露。

青春是一種駕凌一切的意志力量，有了這種力量，人會產生克服怯懦的勇氣和冒險犯難的魄力。

這種力量的表現，不在於年齡，而在於心境。

人的心靈不會因為歲月和環境的磨洗而日漸蒼老，人之所以慢慢變老的唯一原因，其實就是因為放棄了自己的希望和夢想，失去了讓自己保持青春的動力。

歲月和環境只會使人的皮膚逐漸佈滿皺紋，但是，拋棄熱忱卻會使人的靈魂快速衰老。煩惱、疑惑、灰心、恐懼和絕望……這些心理因素才是使人垂頭喪氣，一蹶不振的主因。

人不管活到多大歲數，都應愛好神奇而美妙的事物，讓自己充滿勇氣面對眼前的一切；不管難以預知的未來究竟是憂是喜，都要勉勵自己懷著一顆赤子之心坦然面對。

如此，心靈才能不斷維持年輕狀態，人生才會充滿盎然生機。

人生有順境，也有逆境，但無論是順境或逆境，其實都源自於心境。只要心境年輕，外貌就會年輕。

諾貝爾文學獎得主，《青鳥》的作者，比利時作家摩里斯‧梅特林克曾經說：

「你和自己的信仰同樣地年輕，也和自己的疑惑同樣衰老；和你的恐懼感同樣衰老；和自己的希望同樣年輕，也隨你的絕望一樣地衰老。」

的確如此，每一個人的心中有一股青春之泉，只要它不斷湧出美善、希望、歡愉、勇氣、壯麗……你就會永遠顯得年輕。相反的，一旦這股心靈的泉水枯涸了，你才是真正衰老了。所以，你應該讓自己的青春之泉保持盎然生趣，每天抱著永無止境的希望生活下去！

# 想有無價回報，先要有無私付出

只要是無私奉獻，會發現生活更有意義，因為更多的愛、尊重與樂趣將來到身邊。

王爾德的童話《快樂王子》裡，以鉛塑成的雕像王子要小燕子將鍍在身上所有的金箔、寶石送給需要幫忙的人，雖然到最後他看起來就像個乞丐般寒酸，連眼睛也瞎了，可是內心在此時才真正擁有了快樂。

一直幫忙他的小燕子為此趕不及和同伴們前往埃及過冬，最後長眠於王子身邊，儘管如此，牠是滿足的。

當上帝要天使到城市裡選兩件最寶貴的東西帶回來時，天使帶回了一顆鉛製

的心和一隻死鳥。

「你挑選對了。」上帝高興地說：「在天堂樂園裡，這隻小鳥將永遠歌唱；

在黃金宮殿裡，快樂王子將會讚頌我。」

付出一切的回報是無價的，因為得到的是快樂。

炎炎夏日，毒辣的陽光曬的萬物像鐵板上的肉塊般，滋滋作響，狗兒趴在屋簷下，吐著舌頭猛喘氣，只有傘不畏日曬，努力撐開身子，為主人遮住灼人的陽光。

到了梅雨季或秋雨綿綿的日子，傘還是努力撐開身子，為主人遮風擋雨，不讓主人被雨淋濕。

即使太陽曬到雙肩快要脫掉一層皮，雨水打到全身發痛，狂風吹的全身骨頭都要散掉，傘還是盡忠職守，不說一句怨言。

可是進到屋內後，主人就把傘收了起來，放到屋角，不再看上一眼，謙虛的

傘就這樣安安靜靜地偎在牆腳。

這時候，一隻花貓走了過來，疑惑問道：「傘大哥，你為主人付出了那麼多，主人卻沒有給予任何獎賞，還對你不聞不問，難道你都不覺得這樣的生活很沒意義嗎？」

傘微笑著反問花貓：「如果人們需要我的時候，我反而縮起身子，躲得遠遠的；人們不需要我時，卻拚命撐開身體，顯示自己的存在，這樣活在世界上又有什麼意思呢？」

法國馬賽有一名警官名叫梅爾，為了緝捕一名姦殺女童艾美的罪犯，付出了幾十年的歲月。

他查遍所有文件檔案，打了三十多萬通電話，甚至走過四大洲近八十多萬公里的距離，不放棄任何一點蛛絲馬跡，日以繼夜地追查兇嫌。

由於把所有的心力都放在工作上，兩任老婆都因此離他而去，他仍不改初衷，

終於在七十三歲那年，親手逮捕兇嫌。當他銬住犯人的那一刻，他興奮地說：「小艾美終於可以瞑目，我也可以退休了。」

有記者問他這樣做值得嗎？他回答說：「一個人的一生只要努力付出，認真做好一件事，這輩子就沒有白活。」

在這個社會上，有一群像傘和梅爾警官這樣的人，他們靜靜付出、默默貢獻，他們的用心形成一條無形的鍊子，將人們圈在一起。

或許會有人說，這個社會仍然充滿了暴戾之氣，但是如果沒有這樣一群人默默做事，今天的生活環境大概找不到一絲平靜。

人們習慣於享受他人的付出，將此視為理所當然，而沒有心懷感激之意，殊不知在這個世界上，沒有所謂的誰就該為誰付出。然而，付出和收穫是一體兩面的，或許沒有實質的回報，但是只要是無私奉獻，會發現生活更有意義，因為更多的愛、尊重與樂趣將來到身邊。

# 做孩子的燈塔，而非揠苗助長

孩子的天賦如何，常常是勉強不來的，我們應該做的，是幫助他們找到適合自己做的事，鼓勵他們做自己。

「不要讓你的孩子輸在起跑點上」是近年來十分流行的一句話。

它總是搭配著一些與兒童有關的商品一起出現，彷彿時時刻刻在提醒父母：孩子的學習不能等，要讓他一開始就高人一等！可是，如果有些孩子生來就是沒有辦法「先贏在起跑點」上，那又應該怎麼辦呢？

從小學開始，小宣就一直很努力地學習，但成績卻總是平平。不論是國語、數學、自然，還是其他科目，甚至是體育或才藝課，從來就沒有得到「出色」的成績。有一段時間，小宣對自己失去了信心。他很不快樂，也很沒有自信，覺得自己沒有用，不明白自己為什麼要生在這個世上。

有一次，父親帶小宣去公園，指著園內的兩排樹問他：「你知道那些是什麼樹嗎？」小宣一看，一排是白楊，一排是銀杏。與高碩的白楊相比之下，銀杏顯得十分矮小。

父親說：「我問過公園管理員，這兩排樹是同時栽下的。栽下時兩種樹都一樣高，它們享受同樣的陽光，同樣的水土，同樣的條件，但你知道為什麼到後來，只有白楊長得高碩，而銀杏卻生得矮小嗎？」

小宣低頭思索半晌之後還是不知道答案。父親見小宣回答不上來，便接著說：「孩子，要知道，珍貴的東西總是慢慢成長地呀！」

是的，珍貴的東西總是慢慢成長，銀杏雖然長得慢，但是它可以活上千年之久，又何必與白楊爭著長大？

那些忙著把孩子送到補習班，忙著要把學識與才藝課像灌鴨子一樣填進孩子頭腦裡的父母，當然很愛自己的孩子，但有的時候過分操之過急，卻反而會害了他們。做父母的應該擔任起陽光、空氣、水土的角色，讓孩子們能夠在自己的幫助之下，自由自在成長，長成最適合他們的樣子，不必揠苗助長，讓他們自自然然地發揮自己。

即使成長的速度遲了一些也不要著急，因為孩子的天賦如何，常常是勉強不來的，我們應該做的，是幫助他們找到適合自己做的事，鼓勵他們勇敢地做自己。

別害怕孩子成為長得慢的銀杏，只要隨著孩子的天分發展，不論未來他長成什麼模樣，都一定能夠穩穩的長大成熟，不會因為一點風雨的侵襲便搖搖欲墜。

PART

# 在變與不變之間，
# 找到平衡點

最好的一條路，是有所變、有所不變，
改變那些未來可能發生的悲劇，
並且接受那些過去已經造成的不幸。

# 別讓安全感阻礙了你的進步

如果你從來不做自己能力範圍以外的事，也許你從來不會出錯，

但是你也因此缺少了讓自己更上一層樓的機會。

《十二個人定勝天的故事》作者威廉・波里索曾說過：「生命中最重要的事

就是不要害怕付出。這一點正是成功和失敗的最大區別。」

安全舒服、沒有任何困難的生活，無法使人獲得成功。相反的，只有遭逢逆

境，願意加以克服的人，方能開創燦爛的前景。

有一位音樂系的學生，接受一位新的指導教授指導之後，每天都必須彈奏一首超高難度的樂曲。經過了三個月的時間，這個學生對自己演奏鋼琴的信心已經跌到谷底。

這個學生實在不明白，爲什麼教授要以這種方式來整人。

這位教授是極有名的鋼琴大師，從上課的第一天開始，他就給學生一份高難度的樂譜，學生彈得非常生澀而且錯誤百出。

教授下課的時候，總是要學生回家好好練習。學生苦練了一個星期，等第二次上課時準備讓教授驗收成果，沒想到教授又給了他一份難度更高的樂譜，上星期的課教授一句話也沒提。學生只能再次向更高難度的技巧挑戰。

從此以後，這樣的教學方式成了慣例。學生每一次在課堂上都要彈一份比之前更難的新的樂譜。因爲怎麼樣都追不上進度，學生一點也沒有因爲一星期的苦練而有駕輕就熟的感覺，反而感到越來越不安、沮喪和氣餒。

三個月之後，學生再也忍不住了，向指導教授提出了嚴重的抗議。這個時候，學生學生的抱怨，一句話也沒說，只是讓他彈奏之前練習過的樂譜。這個時候，學生

發覺自己居然能將困難的曲子彈得如此流暢！

這時，教授對學生說：「如果，我任由你表現最擅長的部分的話，你到現在都還在練習最早的那份樂譜。如此一來，你根本不會有現在這樣的程度出現。」

在工作的時候，總會有些人只要上司指派了稍微困難的工作給他，就因此而愁眉苦臉、抱怨不停的人。

這些人抱怨的原因，往往是因為工作的內容超出了他的能力範圍。

當他們在抱怨的時候，似乎忘記了自己現在的能力，不也是經過許多不同的工作累積出來的嗎？

如果你從來不做自己能力範圍以外的事，也許你從來不會出錯，但是你也因此缺少了讓自己更上一層樓的機會。這樣一來，你就永遠不會知道自己存在著多大的潛力。

# 有時，無知也是一種幸福

豪情萬丈、知足常樂，孰是孰非、誰對誰錯並不重要，重要的是
你想要哪一種生活方式。

思想家費爾巴哈曾寫道：「理論不能解決的疑難問題，行動可以幫你解決。」

如果，你認為應該做的事，不論理論上可不可行，儘管放手去做，因為，不論做得好或不好，至少你已經往自己的目標踏出重要的第一步。

無論你選擇的是哪一種人生，每一種都有優點和缺點，有不同的幸福和遺憾，只要心甘情願，你的人生就能充滿喜悅，並且了無遺憾。

透過薄薄的一層膜，兩隻蝶蛹好奇地往外看，外面五彩繽紛的世界和自己身處的雪白天地是多麼的不同啊！

「外面真是太漂亮了！」一隻蝶蛹忍不住驚嘆道：「我真希望現在就可以飛出去欣賞一番！」

「別傻了，我才不想呢！」另外一隻蝶蛹說：「前些日子突然下了大雨，蜜蜂呀、蝴蝶呀，手忙腳亂地四處尋找遮風蔽雨的地方，那個樣子說有多狼狽就有多狼狽，平時打扮得再怎麼艷麗，到了這種時候，又有什麼值得羨慕的呢？」

「可是，畢竟晴天還是比雨天多啊！」第一隻蝶蛹說。

「那又怎麼樣？你以為晴天就是太平天了嗎？」第二隻蝶蛹十分不以為然：「你沒有看新聞嗎？昨天才剛剛發生的事呢！有三隻短命的青蛙不小心跳進了蛇的肚子裡，還有一隻可憐的麻雀被不曉得從哪裡冒出來的石頭擊昏，外面的世界危機四伏，實在太可怕了！」

「可是，我們在這個小小的蛹膜裡，只能一動也不動地蜷曲著，活著也沒有意思，有什麼好呢？」

「我說你呀，簡直是身在福中不知福，別人羨慕我們都還來不及呢！除了蝶蛹，誰有這麼好的住所？蝶蛹雖然小，但是安全、有保障，而且環境清爽，沒有污染。」第二隻蝶蛹理直氣壯地教訓道。

第一隻蝶蛹沉吟了一會兒，表情堅定地說：「不管外面的世界到底怎樣，我一定要飛出去親眼見識見識。」

幾天之後，附近颳起了大風，無情的風雨把一隻乾癟的蝶蛹毫不留情地吹進河裡，蝶蛹逐漸下沉，慢慢地便隱沒在水裡了。

就在此時，天空中出現了另一隻青春美麗的蝴蝶，而且無畏風雨，開懷地在河面上翩翩起舞。

第一隻蝶蛹豪情萬丈，第二隻蝶蛹知足常樂，孰是孰非、誰對誰錯並不重要，

重要的是你想要哪一種生活方式。

胸懷大志的人往往樂觀進取，一心只想把天下踩在自己腳下，在人生道路上經歷千辛萬苦，從期望到失望之後，他們終於明白了人生苦多於樂，總算是不虛此行。

另外一種則是躲在溫室裡的花朵，他們追求安逸的生活，不願遭受日曬雨淋，也禁不起一點風吹草動。

他們活在自己單純、封閉的象牙塔裡，有時你會為他們看不見外面的綺麗風光而唏噓，但有時反而會羨慕他們，因為他們擁有嬰兒般無知的幸福。

有時，無知也是一種幸福，不是嗎？

# 在變與不變之間找到平衡點

最好的一條路，是有所變、有所不變，改變那些未來可能發生的悲劇，並且接受那些過去已經造成的不幸。

天底下只有一個方法，可以達成自己的願望，那就是踏出第一步，動手去做。

如果不踏出「第一步」，你永遠都達不到自己的目的。

想要過著豁達的人生，就要設法在改變與不變之中取得平衡，只要活得心甘情願，你的人生就是最完美的。

八歲的韋恩，很喜歡到住家附近的河邊玩耍，有一天，不慎在亂石灘上跌傷了腿，雖然他的爺爺發現之後很快將他送到醫院，可惜傷勢實在不輕，接了骨之後，韋恩仍然劇痛難當，無法行走，出院之後就只能整天臥在床上度日。

有一天，韋恩看見爺爺坐在床前唉聲嘆氣，便好奇地問：「爺爺，你為什麼嘆氣呢？」

「唉，你的腿已經殘廢了，一輩子都不能走路了。」爺爺說。

小孩子哪裡經得起這種打擊？韋恩的眼睛、鼻子、嘴巴一下子全都扭曲在一起，「哇」的一聲大哭了起來，說道：「爺爺，你幫我想想辦法吧，我不想變成殘廢啊！」

爺爺想了很久，緩緩地說：「想要治好你的腿，除非在三年之內，找到使你受傷的那塊石頭，再把它磨平做成石枕，用來活絡筋骨，不然的話，就連爺爺都無能為力了。」

韋恩信心滿滿地說：「我知道我撞到的是一塊黑色的大石頭，那塊石頭的形狀很特殊，我一定能找到它！」

從那天起，韋恩每天拄著拐杖，一拐一拐地走到亂石灘尋找那塊石頭，就算是刮風下雨、寸步難行，他也都咬著牙不肯放棄一點希望。只是，兩年過去了，他依舊沒有找到那塊石頭。

爺爺安慰他說：「也許那塊石頭被沖到下游了，你去那兒找找吧！」

韋恩聽了，立刻又到下游尋找，然而，日子一天一天過去，他還是找不到那塊黑色的石頭。

三年的期限很快就到了，韋恩哭喪著臉對爺爺說：「我真沒用，到現在還找不到那塊石頭，看樣子我是永遠也找不到它了。」

爺爺輕撫韋恩的頭，慈愛地說：「要是真的找不到，就不要找了！你的腿不是已經能走了嗎？還要那塊石頭做什麼？三年前，我就已經把它扔到了河裡最深的地方了。」

面對自己的不幸遭遇時，你只有兩條路可以走，不是想辦法去改變它，就是

接受它，無論選擇走哪一條路，只要自己走得心甘情願，就是一條值得努力付出的道路。

事事都想改變，你就會欲求不滿、過得很累；凡事照單全收，你也會開始怨天尤人，過得十分辛苦。

最好的一條路，是可以走在兩條路中央，有所變、有所不變，改變那些未來可能發生的悲劇，並且接受那些過去已經造成的不幸。

# 工作是為了讓生活更美好

人為什麼必須工作呢？為了興趣工作的人畢竟是少數，但是有了工作，才能讓我們不用工作的日子顯得如此美好。

工作是為了生活，還是生活是為了工作？

學生不喜歡上學，上班族不想上班，連老闆都在等放假；那麼人為什麼必須工作呢？

大多數的人都一定會這麼回答：「工作是為了賺錢啊！工作才會有收入，有能有足夠的錢養家活口。」

但是，當你有足夠的收入，想法會不會改變呢？

有一個醫生，開業了十多年之後，終於存了一大筆錢，足以讓他三輩子不愁吃不愁穿。於是，在四十五歲那年，他決定退休，帶著全家人移民加拿大，想要開始好好地享受人生，每天過著隨心所欲打小白球的生活。

然而，一年之後，這個醫生居然放棄了那種無憂無慮的生活，回到了原來的地方繼續工作。

朋友們都覺得很不可思議，甚至懷疑他是不是炒股票炒焦了，才必須要回來重操舊業。醫生笑著說：「我回來工作不是為了賺錢，而是為了繼續我的人生。你可以試試看，連續一個月每天打高爾夫球會不會覺得厭煩，我煩到連草皮都不想看到。沒有工作就好像坐牢一樣，我和許多移民加拿大的華人一樣，都成了『三等人』。」

朋友們都好奇地問：「什麼是『三等人』？」

醫生解釋道：「每天一睜開眼睛就是等吃飯，吃完飯之後等打牌，打完牌之

後就只能等死了。每天就這麼等、等、等，實在讓人受不了，等到頭髮都白了，不如回來工作，至少可以過得踏實一些。」

醫生之所以說得如此輕鬆豁達，是因為他「選擇」了工作，完全是出於自願；

而一般人，卻通常是被工作「選擇」的，那種出於「不得不」的心態，當然使工作的快樂減損很多。

人就是這樣矛盾，有足夠條件不工作的人老是大聲疾呼有工作真好，至於那些不得不工作的人，卻總是叫苦連天，不明白工作到底有什麼好。

人為什麼必須工作呢？為了興趣工作的人畢竟是少數，但是我們可以確定的是，有了工作，才能讓我們不用工作的日子顯得如此美好。

# 別把自己交給運氣

抱著投機心態的人往往聰明反被聰明誤，反而多走了許多冤枉路，何不踏實一點，慢慢地走向目標呢？

當你把自己交給運氣時，運氣就偏偏會選在這個時候離你而去。

不要以為丟銅板矇中答案的機率是一半一半，有經驗的人會告訴你，它的命中率只有十分之一。「十賭九輸」這句話，難道你沒聽過嗎？

彥伯讀大學時，由於一下子失去了升學的壓力，也沒人從旁鞭策，整日沉浸

在吃喝玩樂之中，一點也不用功，只希望每科都能低空飛過，不要被退學就好。

他平時不是和同學打麻將，就是待在電腦前玩線上遊戲，書本的最大用途是拿來當杯墊，他認為大學生就該這麼快活，教授應該不會故意跟他過不去。

到了期末的時候，有一個非常重要的化學測驗。考試的前一天晚上，大家都在熬夜K書，就連平時不用功的同學也紛紛收起了玩心，埋在書堆裡臨時抱佛腳。

反觀彥伯，卻不把考試當回事，優哉游哉地在電視機前打電動，一副天塌下來我也不怕的模樣。

同學們很替他擔心，要是明天的考試過不了，後果可是不堪設想。然而，彥伯看著同學們憂心忡忡的樣子，卻「噗嗤」一聲大笑了起來，他說：「用用腦子，這其實很簡單！明天的考試總共有一百道是非題，每個問題只需要打『○』或『×』就可以了。我幾個月沒讀化學了，只好在考場裡丟銅板，我相信我能矇中六十題的。」

第二天，彥伯輕輕鬆鬆地走進考場，一拿到考卷就開始丟銅板，不到半個小時，就寫完了一百道題目，瀟灑地離開考場。

考完試的隔天，他在走廊裡遇到了化學教授。

彥伯向教授問好，並問他說：「教授，請問考試的結果出來了嗎？」

教授笑著說：「已經出來了，你等一等。」說著，教授從口袋裡掏出一枚銅板，問彥伯：「你要正面還是反面？」

「嗯……反面。」

接著，教授把銅板拋向空中，然後十分帥氣地接住，看了看，皺著眉頭說：

「非常遺憾，是正面，所以你被當了。」

最不用花時間的捷徑，不一定到得了目的地，它有可能會是個死胡同，甚至處處充滿危機，反而只會浪費你的時間和精力。

既然還有力氣，為什麼要害怕多走一些路呢？我們的目標不只是「到達」目的地而已，抱著投機心態的人往往聰明反被聰明誤，為了到達目的地，反而多走了許多冤枉路，何不踏實一點，慢慢地走向目標呢？

# 成功，需要適當的時機

成功需要一個適當的時機，時機到了，一切自然水到渠成，時機未到，再怎麼費盡唇舌去解釋也是枉然。

科學家愛因斯坦曾經這麼說：「不管時代的潮流和社會風尚怎樣，人一定可以憑自己高貴的品質，超脫時代和社會，走自己正確的路。」

不要拘泥於我們所處時代的流行價值，也不用在意別人的觀感和看法，如此，我們才能走出屬於自己的道路。

羅丹在五十六歲那年，展出了一座大文豪雨果的雕像。

為了表現雨果氣宇軒昂的文學家氣勢，羅丹塑造了一個渾身充滿活力、栩栩如生的雨果。

這個雨果沒有穿衣服，只用了一條浴巾輕鬆地裹住身體，外在與內在相互輝映，羅丹的雕像不只刻出了雨果的軀體，還表現了他的靈魂。

不過，當政府官員看到這座雕像時，卻一點也笑不出來。他們原本期望看到的是一個規矩、莊嚴，穿著得體的偉人，如今這個偉人卻近乎一絲不掛地站在他們面前，於是他們非常生氣，不懂得這有什麼可取之處。

於是，羅丹遭受了嚴厲的批評，報上的輿論說他風格拙劣、品味低級，甚至喜好色情，而且還有暴露狂的傾向。

兩年之後，羅丹又舉辦了一次展覽，這次展出的是另一位法國大文豪巴爾札克的雕像。

巴爾札克本人長得又矮又胖，樣貌更是一點兒也不出眾，但是羅丹所雕塑的巴爾札克卻頂天立地，眼神銳利如獅，氣勢有如疾風暴雨。羅丹雕出了巴爾札克

的精髓，是世人無法透過外表見到的另一面。

然而，這樣偉大的藝術作品並不被當時的人們接受，人們只相信他們眼中所看見的，只期待看到他們所熟悉的，因此，羅丹再一次遭受猛烈的攻擊與惡意的扭曲。

得不到知音的失落感，不僅使得羅丹心情沮喪，還讓他病倒在床榻。但是，這些接踵而來的打擊並沒有使他一蹶不振。正因為不被世人了解，所以他更加不能放棄自己的堅持；正因為不受人矚目，所以他把所有的熱情都投之於努力創作。

許多年後，隨著人們觀念的開化，在一次大型展覽中，羅丹終於受到了表揚，多年的努力終於有了開花結果的一天。

他所有的作品都被收藏在「羅丹閣」裡，記載著這位藝術大師光輝的歷史。

當你成功了，你才可以不用理會旁人的冷言冷語。

當你成功了，你才能理直氣壯地說：「堅持是對的」。

否則，你所有的堅持在別人眼中都只是「固執」，你的勇往直前在別人眼中

只是「剛愎自用」。

別忘了，世人總是只看結果的，在你什麼都不是的時候，你的話通常也沒有

人相信。

羅丹的奮戰歷程告訴我們，成功需要一個適當的時機，時機到了，一切自然

水到渠成，時機未到，再怎麼費盡唇舌去解釋也是枉然。

當然，如果你沒有羅丹那樣的驚世之才，就不要太過自以為是，與其等待一

個適合你的時機，不如把握眼前的機會好好努力，只有盡了全力，你才能創造出

自己的天地。

# 人生的舞台上，每個人都是要角

只要我們不否定自己，懂得肯定自己當下扮演的角色，也相信自己這個角色的影響力，那麼我們都能給予自己恰當的評價。

「在你心中，誰才是最重要的？」

這個問題，從我們小的時候就經常被問及，或者連我們自己也都曾提出這樣的疑問，至於答案不是「你是最重要的」，便是「你們都是我最重要的心肝寶貝」。

有些人會認為這樣的答案太籠統，不夠明確，但換個角度想，這個答案不正是我們想要的嗎？

蛇頭與蛇尾又在吵架了，它們經常為了「誰是重要的」或是「誰是最沒用的傢伙」爭論不休！現在，它們正為了「誰應該在前，誰又應該在後」的位置問題，爭執不下。

只見蛇頭、蛇尾越吵越兇，蛇頭忿忿地說：「我才是最重要的，如果不是我守在前面，並積極地探測前方的危險，又大口地將食物吞下，你怎能那麼健康、安全！我走在前面為你開路，你敢說我不是最重要的？」

蛇尾頗不以為然地說：「你最偉大？要不是我讓你，你哪能走在我的前面？如果我繞到樹幹上，然後再在上面纏繞個兩三圈，我看你還能怎麼走！假如我三天都不鬆開，你還能尋找食物嗎？哼，到那時候你還能這樣得意嗎？現在你再說說看，到底是誰最重要啊？」

蛇頭聽見蛇尾這麼說，想想也有道理，接著竟無奈地對蛇尾巴說：「好吧！你就別再往樹上爬了，算你重要，一切都讓你來做主好嗎？不過，你既然想當

『頭』，那便得走在前面，以後我就跟在你後面！」

蛇尾巴一聽高興得不得了，只見它挺起了腰桿，然後精神抖擻地超越蛇頭往前爬去。可是，走不到一百公尺，忽然聽見「啊」的一聲慘叫！

原來，不知道是誰堆起了一個火坑，正巧在蛇尾巴當頭時點燃。可憐這沒長眼睛的蛇尾，才享受幾分鐘當「頭兒」的滋味，轉眼間便又失去了「當家做主」的機會，更慘的是，它還害死了原本情同手足的好兄弟。

看見蛇尾與蛇頭的爭執，甚至蛇尾還孩子氣地要賴要求蛇頭退讓，讓人想起了生活中的人際爭執，其實不也像蛇尾一樣經常忘了自己應盡的本分，同時忘了自己的重要性。

看看好大喜功的蛇尾，原本能甩尾警示的重要功能，它不予以肯定，而能置敵於死地的纏繞力量，它不用來對付敵人，卻反過來對付自己人，目的竟只為了一圓「當頭兒」的夢想，是不是太笨了些？

我們不也如此？無論是蛇尾或蛇頭的角色，每個人原本就各有所長，無論是誰走在前面都沒有特意義，因為人生並不會因此變得更加順暢，該走的難關我們始終都要遇上。

只要我們不否定自己，懂得肯定自己當下扮演的角色，也相信自己這個角色的影響力，那麼不論誰在前誰在後，不論誰才是最重要的，我們都能給予自己恰當的評價。

還在計較誰該當頭嗎？就算別你處在「尾巴」的位置，何不這麼想：「是啊！我守在後面，因為我是壓軸的！」

每個人都有自己所屬的角色，只要能盡本分努力做好自己的工作，不論位在哪個「位置」，都將是最閃耀的一顆星！

# 想解決問題，要先了解問題

不要被美麗的外表遮住了心眼，事物的本質不難發現，只要轉換個角度，再仔細地觀察一次，自然能看清楚生命的另一個真實面象。

大多數人看得見「問題」，卻不了解「問題」，所以美國教育家約翰・杜威便提醒我們說：「能將問題明確地指出，便已經解決了問題的一半。」

所有問題皆具外在的表象與內在的實情，只要我們能了解問題或事件的本質、狀況，問題自然會迎刃而解，也才不會被虛假的外表欺瞞、矇騙。

小亞倫在花園裡發現一朵剛剛綻放的玫瑰花，遠遠地便聞到誘人的花香，忍不住走到花朵旁邊，將鼻子湊近花朵仔細品味它的芳香。

「真的好香哪！」小亞倫很享受地讚美道。

芬芳非凡的花朵令人著迷，他邊聞邊想著：「這花朵真是迷人，美麗的玫瑰好香哪！我猜這花朵的滋味一定也甘甜非凡吧！」

念頭一轉，小亞倫竟毫不猶豫地將花瓣摘下，接著便往嘴裡一塞。

「嗯……天哪！這是什麼東西？怎麼會這麼難吃？」沒想到這馨香花朵的滋味竟是如此苦澀，小亞倫連忙將花瓣吐了出來。接著，他生氣地將花瓣扔到地上，然後很不客氣地指著玫瑰花罵道：「你這壞東西居然欺騙我！」

「是我的錯嗎？」玫瑰花反問道。

小亞倫回答：「當然是！」

玫瑰嘆了口氣說：「真是我嗎？還是你自己欺騙自己呢？」

是花迷人，還是心癡迷？大凡人們的心中只要一出現了「迷」字，多數人都會像小亞倫一樣，很容易被事物的表象誘騙上當，並進而偏頗地擷取事物的表面來做全面的判斷，然後也和小亞倫一般，一再地做錯誤的選擇及判斷讓自己受騙上當。

花香不一定等於味美，生活要能學習看清事物的本質，更要學會克制自己的貪念慾望，如此我們的生活才能輕鬆自在的一關走過一關，也才能一次又次地超越自己。現在，我們不妨再聽一次玫瑰的提醒：「沒有什麼事物能欺騙得了人，也沒有所謂的外在力量能操控我們，生活中的一切全掌握在自己手中，除非你自己放棄了主控權！」

不要被美麗的外表遮住了心眼，事物內在的本質我們不難發現，一切只要轉換個角度，再仔細地觀察一次，自然能看清生命的另一個真實面象。

生活中的阻礙不也如此，所謂的難關其實並非我們想像中的那樣麻煩，只要了解困難的本質，小心翼翼地弄清楚問題的因果關係，並了解自己的解決能力，任誰都能夠關照自己，並自在地享受生活的樂趣。

# 越心急，
# 對自己越不利

清者自清、濁者自濁，
只要對得起自己、自認問心無愧，
那麼這些批評和誤解，
就讓時間去證明吧！

# 用冷靜的頭腦靈活思考

如果你想成為一個成功的人，那麼，請先好好地鍛鍊自己的思考能力，並且積極培養其他的才能吧！

一個人的思考方式，可以決定他是否具備隨機應變的能力，也決定著日後的成功或失敗。

成功的人不一定擁有特殊的才華或能力，但是他一定擁有冷靜的頭腦和靈活的思考方式。

華盛頓心愛的馬不見了！尋找了好多天，最後竟然在鄰居的農場裡發現這匹失竊的馬。

華盛頓帶著警察到鄰居家想討回公道，但是鄰居打死也不肯承認，硬說馬原來就是他的，而且反過來指稱華盛頓誣賴他。

就在雙方僵持不下的時候，華盛頓突然想到了一個方法，他馬上用手將馬的雙眼捂住，然後對鄰居說：「既然你說這匹馬是你的，那麼，你能夠說出牠哪隻眼睛是瞎的嗎？」

「我當然知道！牠瞎的是右眼。」鄰居很快地回答道。

華盛頓聽完，立刻放開遮住右眼的那隻手，在場的眾人一看，這匹馬的右眼居然是雪亮的。

鄰居一看，馬上改口說：「對不起，我弄錯了，我的馬瞎的是左眼！」

華盛頓把左手也移開，馬的左眼也是正常的。

鄰居還想為自己辯解，這個時候，警察開口了：「這已經足以證明馬不屬於你了！華盛頓先生，你可以把馬牽走了！」

古羅馬思想家西塞羅曾經寫道：「人拋棄理智，就要受感情的支配，脆弱的感情氾濫到不可收拾，就像一艘船不小心駛入深海，找不著停泊處。」

這番話提醒我們要用冷靜的頭腦靈活思考，判斷事物的時候，千萬不能帶有偏見，也不要充斥主觀認知，如此才能從各種角度看清事物的眞實面貌。

由於華盛頓善於利用思考的力量，急中生智使鄰居露出馬腳，最後不得不將馬還給他。

這個小故事同時也說明了，如果你想成爲一個成功的人，就必須好好地鍛鍊自己的思考能力，並且積極培養其他的才能，如此一來，才能面對生活中的各種挑戰，一步步走向成功的道路。

# 錯誤不一定是壞事

既然錯誤是無法避免的過程，那麼如何讓錯誤轉化成積極的助力，就是我們應該學習的課題。

不論做什麼事，要求完美是每個人的希望。

沒有人希望自己在做事的時候發生錯誤，可是往往事與願違，錯誤還是會發生。其實，出錯有時候反而是一件好事，因為錯誤能夠帶來你進步的空間。

西元一千五百年前，有人在義大利的佛羅倫斯，挖掘到一塊質地十分細緻精

美的巨型大理石。

這塊大理石的外觀很適合雕刻人像，但是，因為它實在太完美了，所以始終沒有雕刻家敢動手雕刻，深怕一不小心就毀了這塊完美的大理石。

後來，終於有一位雕刻家決定挑戰這塊大理石，但是他只動手鑿了幾下，就發現自己沒辦法創造出傑作，便因此放棄了雕刻大理石的念頭。

最後，這塊大理石被米開朗基羅雕刻成舉世無雙的傑作——大衛像，可惜的是，因為之前那位雕刻家實在鑿得太重了，所以在大衛身上留下了一點無法掩飾的傷痕。

有人看到了這個傷痕，便問米開朗基羅說：「您會不會怪之前那位雕刻家呢？因為他的貿然嘗試，讓你的作品留下了瑕疵。」

「一點也不！」米開朗基羅回答道：「我反而很感謝之前那位雕刻家，要不是他的慎重，這塊大理石也許早就不存在，現在也不會有大衛像的產生了。而且，這個傷痕的存在正可以無時無刻地提醒我，我的每一鑿都不能有絲毫的疏忽。如果沒有這個傷痕，我的大衛像也許就沒辦法那麼完美了。」

既然錯誤是無法避免的過程，那麼如何讓錯誤轉化成積極的助力，就是我們應該學習的課題。

不管多有才能的人，也無法將事情做得十全十美，所以，要想成為一個受重視的人才，除了能力之外，還要培養自己冷靜處理錯誤的能力。

畢竟，錯誤的經驗也是難得的學習，更是下一次成功的踏板，如能從處理錯誤的過程中得到教訓，那麼就能離成功越來越近。

# 越心急，對自己越不利

清者自清、濁者自濁，只要對得起自己、自認問心無愧，那麼這些批評和誤解，就讓時間去證明吧！

一旦別人對自己產生了刻板的印象，那麼若想再扭轉形象，可就不是那麼容易的事了。

有時候，越是刻意想要改變別人對自己的看法，反而只會給讓別人越來越糟糕的印象。

王先生因爲家中的房子重新油漆，所以決定到高級旅館裡住幾天。他不想帶太多行李，所以只用塑膠袋裝了幾件換洗衣物，就這麼到旅館去了。

到了旅館，櫃檯經理看了看王先生的行李，沒說什麼，就叫服務生把王先生帶到房間。

王先生睡到半夜，忽然聽到浴室裡有奇怪的聲音，他起床查看，發現竟然浴室裡居然有一隻老鼠！王先生非常驚訝，他沒想到一流的旅館中也會有老鼠！

第二天早上，王先生便對前來打掃的服務生抱怨說：「我的房間裡有老鼠，我要求換房間。」

沒想到服務生卻回答他：「這是一流的高級旅館，不可能會有老鼠出現，您一定是看錯了。」

一氣之下，王先生把經理也叫來了。經理也十分堅持旅館不可能會有老鼠，而且因爲旅館已經客滿，所以沒有辦法替王先生換房間。

王先生的抱怨很快就在旅館的職員間傳開了，旅館的職員開始認爲王先生是個故意找碴的怪人，先是用塑膠袋裝行李，現在又說旅館有老鼠，分明是故意找

飯店的麻煩。

王先生見旅館經理不相信他的話，便下定決心一定要親自把老鼠抓到，以證明他不是無中生有的人。

幾天後，王先生終於把老鼠抓到了，旅館經理也向他道了歉，但是員工們卻從此將王先生視為「難搞的怪人」。

所謂「越描越黑」，有時候你越心急，就越容易把事情弄糟。

如果被他人誤解，或是蒙受不白之冤時，越是急著辯解，越會讓別人覺得你在狡辯。

所以，這時不妨先讓自己冷靜下來。

清者自清，濁者自濁，只要對得起自己，自認問心無愧，那麼這些批評和誤解，就讓時間去證明吧！

# 選擇正確，人生才不會後悔

許多事都一樣，每個人都有自己的選擇，這些選擇也沒有對錯可言，不論哪一種，只要自己不後悔就好。

西方有句諺語是這樣說的：「生活就像波濤上的一葉扁舟，搖搖晃晃，又像山中的一條小路，忽上忽下。」

我們的生活裡，的確充滿了這樣的趣味。

或許，當我們身在其中的時候，難以看清生活與命運的全貌，但要是能退一步再看，那麼，很多事就會變得清晰許多。

有一隻狐狸在路上覓食，不知不覺走進人類的果園。看見園子裡掛著串串成熟的葡萄，狐狸的口水忍不住流了下來，但是，圍住園子的閘欄間隙實在太小，狐狸身體怎樣都鑽不進去。

這隻狐狸靈機一動，心想：「我是因為太胖才進不去，不如就在外面捱餓，讓自己瘦下來，那就進得去了！」

想出這個「好辦法」之後，狐狸果真忍住飢餓不吃不喝，就這樣看著園裡的葡萄餓了三天之後，終於讓牠成功鑽了進去。

眼前滿滿的葡萄，讓狐狸痛痛快快飽餐了一頓，「餓了三天，總算值得了！」狐狸得意地想著。

正當牠心滿意足飽飽了肚子，打算回去的時候，卻發現了一件糟糕的事：因為吃得太多，結果無法從那個間隙鑽回去了！

無奈之下，狐狸只好又餓了三天才鑽出來，但成功逃脫的牠甚至比進到果園

之前還更飢餓。

繞了一大圈、做了許多努力，成功過、失敗過、忍耐過、享受過，這隻狐狸終於回到本來的路上，但還是那樣又餓又瘦！

如果是你，願不願意也來這麼一次「天堂與地獄之旅」？或是你寧願在外面慢慢晃蕩，做隻不要餓死也不要飽死的狐狸？

有些人認為，既然如此，那何必折騰半天呢？

有些人則寧願選擇跟狐狸一樣，至少曾經在葡萄園裡吃得飽飽的，也為此奮鬥過，這段過程就夠讓自己回味無窮了。總之做過、試過，也體驗過，至於它究竟怎樣改變了自己，是否從此扭轉一生，也都已經不重要了。

其實，人生許多事也是一樣，每個人都有自己的選擇，每個人的選擇也沒有所謂的對或錯，不論你選擇哪一種方式，只要自己不後悔就好。

# 再忙碌，也要懂得停下腳步

除了為生活奔走勞碌，有空不妨放慢腳步看看身旁的風景，或許
還可以從中發現過去從未發覺的驚奇與感動。

賽賓斯曾說：「沒有了油畫、雕塑、音樂、詩歌以及各種自然美所引起的情
感，人生的樂趣將會失掉一半。」

這句話你同意嗎？

其實，要是我們能夠用心體會，就能明白他所指的，不單單只是「欣賞藝術」
的問題而已。

某個平日，故宮博物院裡的人潮不像假日時那麼多，參觀者放慢腳步，閒適地在博物院裡漫步參觀。只見許多情侶、夫妻或朋友，雙雙對對或三三兩兩地欣賞著中國歷代的美術品。

此時，在放置「清明上河圖」的展室，突然聽到一位太太急匆匆地走到畫前面，用十分不耐煩的聲音對丈夫說：「我說你為什麼走得這麼慢啊！原來你老是停下來看這些東西！」

在人生的道路上，有許多人經常只知道往前狂奔，結果卻失去了觀看兩旁美麗花朵的機會。

就像故事中這位太太，身在博物館裡卻像是趕集一般，只顧一直往前走，卻渾然不知自己究竟錯過了什麼。

試想，若一個人進入博物館，卻不懂得要駐足欣賞裡頭的各種文物展覽，那又怎麼懂得停下腳步享受生活、欣賞生活呢？

我們可以把人生比喻成一本書、一面風景，或是一幅畫；無論是何種人生，都有值得品味的一面，就看我們懂不懂得欣賞。絕大部分的人一生都必須辛苦奔走，但很多人到頭來卻不知道自己究竟在忙些什麼，對於幾十年庸碌歲月的記憶，也感到毫無深刻之處。

因此，在你為生活奔走勞碌之餘，有空不妨也為自己留點時間，放慢腳步看看身旁的風景，或許還可以從中發現過去從未發覺的驚奇與感動。這些感動，也將成為暮年時，可供細細回味的美好回憶。

# 別把生命浪費在瑣事上

別讓你的人生浪費在無意義的事情上！我們是活在「未來」的歲月中，不要讓每一個「現在」成為遺憾的「過去」。

作家高爾基曾言：「世界上最快又最慢，最長而又最短，最平凡而又最珍貴，最容易被忽視而又最令人後悔的就是時間。」

時間不能增添一個人的壽命，然而珍惜光陰，把它用在有意義的人事物上，卻可以使生命變得更有價值。

「時間」是萬物中最不可捉摸、最神秘的東西。當你快樂的時候，時間過得特別快；悲傷痛苦時，多一秒也無法等待。

上天給予每個人的一天都是二十四小時，同樣的時間內卻造就了不同的人生。

可是，人如果想跟時間賽跑，是註定要失敗的。不論你如何去抓、去趕，時間永遠跑在你的面前。

根據一篇發表於《讀者文摘》的文章寫道，美國人的一生若以六十歲來計算，那麼總共有兩萬一千九百天。

其中，睡眠的時間就佔了二十年，吃飯則用掉了六年，娛樂要花上六年，梳洗、穿衣、打扮要五年，走路、開車、堵車的時間也要五年。生病有三年，講電話要一年，上廁所的時間也有一年，閒聊要花七十天，擤鼻涕十天，剪指甲十天……最後剩下的時間只有十年。

這個數字讓做事豪爽的美國人呆住了。

務實的德國人也想來湊一腳，於是他們也以六十年來計算，結果發現，睡覺同樣花上了二十年，看電視、上網則用掉了十三年，娛樂加購物的時間有一年半，

花在交通上兩年又四個月，坐在電話旁聊天的時間一年，等無人接聽的電話要浪費六個月。

一年八個月花在賭博上，選舉、投票、年輕時跟人鬼混打鬧、成家後為家事吵架、管教孩子的時間……等等，又花上了四年三個月，打官司的時間有三年，看無聊的廣告花了兩年，找尋亂放的東西要一年，在洗手間的時間也一年……真正用於學習和工作的時間只有九年八個月左右。

自認為不比其他國家差的英國人，也拼命按著計算機。英國人說：「上帝告訴祂的子民，人的一生應該以一百年來計算，扣除戰爭時期的歲月，不計睡眠時間，說髒話、呼口號、開會時間不算，酒醉或進了牢房的時間跳過，不算偷情的時間，向上帝禱告、打瞌睡、放屁的時間通通略過……最後所剩無幾的歲月只夠你當個無知的小伙子。也就是說，你只剩下十幾年的學習時間，即使你已經七老八十了。」

計算完一生時間的花用狀況後，難道就這樣屈服於現狀嗎？

事實上，時間是一種無形的東西，主導權在於自己，你想怎麼節約、怎麼使用，都是個人的選擇。重點在於，要如何用得有意義、有收穫。

若你花一個下午，泡杯咖啡、讀本好書，能讓心靈沉靜，達到放鬆的效果，那麼，你就是時間的主人。

如果你花一整天時間和別人爭執、計較，或是和自己嘔氣，那麼你將會淪為時間的奴隸。

人生最美麗的禮物在於青春，別讓你的人生浪費在無意義的事情上，我們是活在「未來」的歲月中，不要讓每一個「現在」成為遺憾的「過去」。

# 打開心，就無處不開心

少了「真實的感情」，人與人之間便很容易出現裂縫，也很容易造成不必要的緊張關係，而讓人失去了生存的自信。

有人說，生命本身原本是一張空白的畫布，任由你在上面怎麼塗畫；你可以充滿怨懟地將不幸的痛苦畫上去，也可以帶著微笑將完美的幸福畫上去，當然，所有的後果都必須由你自己承擔。

你的心境反應著你的人生，就算是失意挫折的時候，也不要只顧著耽溺於眼前的不如意，而忘了眺望即將出現的快樂遠景，試著體貼自己，也試著關心別人，多給自己和別人幾抹微笑吧！

關心別人很容易，小小的微笑便足以溫暖人心，換個角度說，想被人愛不難，困難的是我們是否願意先去愛人？

與人相交並非難事，只要付出的情意真切，任何人都能感受得到其中真情，只要我們願意敞開心與人相交，任何人都會感應到我們心的溫度，並以更熱烈的溫度來溫熱我們的心。

居住在動物王國裡的大黑熊，是當地最受人們尊重的長老之一，就連最愛挑剔的老狐狸也對牠推崇備至，萬分佩服。

「大黑熊實在太好了，我在牠身上根本挑不出什麼毛病。」老狐狸說。

有一天，刺蝟便問黑熊：「黑熊大哥，為什麼大家會這樣尊敬您？您是不是有什麼秘訣？可不可以教教大家啊！」

「秘訣？這沒有什麼秘訣啊！」黑熊很坦白地說。

「沒有秘訣？這怎麼可能！」刺蝟懷疑地追問。

黑熊點了點頭，說道：「的確沒有，更何況我從不覺得自己做人多麼成功，如果你非得問出個所以然來，那麼我可以告訴你一個小常識，就是為自己開設一個感情帳戶。」

「感情帳戶？裡面要存放什麼？」刺蝟問道。

黑熊笑著說：「你得在裡面存放禮貌、寬容、感恩、信用、誠實等等。」

「這感情帳戶有什麼用途？」刺蝟問。

「用途可多了，你不是一直追問要怎樣才能受人尊敬嗎？」黑熊反問。

刺蝟點了點頭，大黑熊溫柔地說：「如你所見，我設立這個帳戶之後，好處便一一出現了。」

「感情帳戶」這個名詞相信許多人是第一次聽見，自從功利主義當道之後，那些著重於人際交流的傳統生存方法，也越來越失去地位，更因為人們越來越偏執於急功近利，而漸漸忽略了人與人之間的「共生」關係。

情感不只是人類的互動模式，也是萬物與其他生命共謀生活的憑藉，少了「真實的感情」，人與人之間便很容易出現裂縫，也很容易造成不必要的緊張關係，甚至還會因為孤立無援，而讓人失去了生存的自信。

所以，大黑熊想告訴我們：「為自己設立一個儲存感情的帳戶，時時提醒自己要記得把真情投入，用包容的心容納更多的朋友，並累積建立更具信心的自己，只要心打開了，就能無處不開心，只要對自己有了肯定，那麼別人自然也沒有理由否定你！」

其實，再換個角度想一想，我們最盼望遇見的不正是像大黑熊一樣的真情人嗎？那麼，與其等待別人伸出熱情的手，何不先由我們自己張開手臂，給對方一個熱情的擁抱呢！

# 傷害別人等於傷害自己

有心害人往往只會害慘自己，試想，每天防著別人也想著怎麼害人，生活怎麼能快樂得起來呢？

為什麼我們不能一笑泯恩仇呢？

「笑」、「怨」都是由我們自己決定，若是心中有「怨」，只是為自己徒增鬱悶，苦的人還不是我們自己！

聰明的人都知道，給人一拳，別人頂多痛了一下，可是我們自己卻是火冒三丈、怒不可遏，然後再費盡力氣給對方一擊，最後還要揉著紅通通的拳頭喊聲「苦」。仔細想想，到底誰才是真正的「冤大頭」？

有隻蜂后正從海米德斯山飛向夏林比斯山，因為她要親自將剛釀好的蜜汁，送去給天神。天神見蜂后不辭辛苦送來蜜汁相當高興，於是說：「妳許個願吧，我一定會答應妳的要求！」

蜂后想了想，便說：「神哪！請您賜與我一支隨身寶劍，這樣一來，我就能對付想偷我蜂蜜的人了！」

天神一聽，臉上登時出現了不悅的神情，因為祂很不想看見殺戮或傷亡，但礙於信譽，說出的話已不能收回。因此，天神只得答應蜂后：「好，妳可以得到一個保護自己的東西，但寶劍對妳來說太不方便了，所以我想賜予妳一根有毒的小刺，但妳別小看了這毒刺，因為它也有致命的危險！」

「真的嗎？那太好了！」蜂后開心地說。

「等等，妳先別太高興，這根刺可不能輕易使用，因為這根針將是妳的命根！一旦決定『拔針』，那麼妳也會因為失去它而死亡。」天神補充道。

故事中的蜂后以「保護自己」做為傷人的合理藉口，對天神來說實在有些荒謬，因此為了避免牠濫用武器，在賜予寶物的同時，還多加了一個「傷人傷己」的因果關係。

蜂后一聽，當場呆住。

人與人之間真有什麼仇恨，也應當試著用寬容的心來化解，畢竟生命真正要追求的，不是製造一個充滿傷害的環境，而是創造一個活力四射、生機蓬勃的世界，不是嗎？

有心害人往往只會害慘自己，試想，每天防著別人也想著怎麼害人，生活怎麼能快樂得起來呢？大世界中有許多生活道理可尋，就像天天帶著蜂針出門的蜜蜂，只要我們不去招惹牠們，牠們並不會輕易拔針，除非有人惡意攻擊，讓牠們有失去家園、性命之虞，小蜜蜂們才會決定用生命拼搏。

那人們呢？老是為了一些小事情打打殺殺，會不會覺得自己很可笑呢？

# PART

## 把快樂的方向盤
## 掌握在自己手上

真正的快樂應該發自於內心，
如果你的心是朝著快樂的方向，
那麼，不管環境如何變化，
快樂永遠掌握在你的手上。

# 經過磨練，才能面對挑戰

讓孩子們親自經歷生活的磨練，他們才能明白生活的精采，過多的保護傘，反而會讓他們失去生存的能力。

不論哪個年代的父母親，都希望把最好的東西給自己的孩子。

尤其身為現代的父母，為了讓孩子覺得「有面子」，都盡其所能地把最好的物質享受加諸在孩子的身上。

但是，對孩子們的愛，聰明的父母應該有更多的表達方式。

美國知名的喜劇演員戴維・布瑞納在接受電視台的訪問時，談到「家」是他一切成就的最大原動力。

布瑞納說：「從小，家境的富裕或貧困一直沒有造成我的困擾或自卑。直到我高中的畢業典禮時發生了一件事，才讓我深深感覺，原來自己和別的同學竟然存在著那麼大的差異。」

布瑞納繼續回憶說，當時班上所有的同學都穿著父母為慶祝他們畢業而送的西裝來參加畢業典禮，有些更有錢的同學甚至還開著新車來，只有他一個人仍然穿著破舊的牛仔褲和襯衫。

那個時候，他的心裡沒有一點畢業的喜悅，只覺得自己為什麼沒辦法跟別人一樣收到畢業禮物。

等畢業典禮結束，他回到家的第一件事，就是跟他父親說：「爸爸，我今天畢業了，您有畢業禮物要送給我嗎？」

布瑞納的父親沒有說話，只是看著布瑞納，從上衣口袋中取出一樣東西，然後把禮物放在他的手上，原來是一枚硬幣。

父親溫和地告訴他：「拿這枚硬幣去買一份報紙，從頭到尾看一遍，認真地給自己找一個工作，到這個世界去闖一闖。」

當布瑞納還在遲疑的時候，父親拍了拍他的肩膀，對他說：「孩子，這個世界現在已經屬於你了。」

布瑞納最後告訴記者：「那是我第一次，也是最後一次對我的家庭感到羞恥。當我按照父親的話做了之後，我才發現我父親送我的禮物不是任何名貴西裝或轎車比得上的。因為我父親給我的，是整個世界，和一片屬於我自己的天空。」

一個人能否創造出一番成就，關鍵往往在於是否懂得用積極樂觀的態度，面對競爭激烈的人生戰場。

如果能適時地選擇正確思想，將能得到極大助益。正因為心態足以決定成敗，更需要我們時時刻刻將心態調整在最佳狀態。

俗話說：「與其給他魚吃，不如教他如何釣魚。」

讓孩子們親自經歷生活的磨練，他們才能明白生活的精采，如果父母給予他們過多的保護傘，反而會讓他們失去生存的能力。

愛護孩子，就給孩子們正確的價值觀與生活態度。

孩子們跌倒之時，別急著疼惜地上前扶起，不妨先守護在身畔，為他們加油打氣，如此一來，他們才有機會學習獨立站起來，也更有能力迎向未來的每一次挑戰。

如果你學會了正確的疼愛方式，不僅孩子會有更好的未來，更會有正確的人生態度，自己也一定能享受到身為父母的喜悅感。

# 不要活得像不見天日的土撥鼠

不要讓自己活得像一隻不見天日的土撥鼠，這樣一來，不但你不會覺得生活無趣，也會提升自己的工作效率。

常常有人抱怨自己的生活了無樂趣，其實，生活週遭存在著很多美好的事物，只是因為我們太過忙碌，沒有時間停下來好好欣賞而已。

長此以往，我們的生命自然只剩下一個空空洞洞的軀殼，只會跟隨著時間而移動、打轉而已。

一個春光明媚的早晨，一隻小鳥正在樹枝上引吭高歌，森林裡到處迴盪著小鳥清脆甜美的歌聲。

就在這個時候，一隻正在地底下埋頭挖洞的土撥鼠，很不耐煩地從土裡探出頭，大聲對小鳥說：「喂，拜託你能不能不要再唱了，你不覺得你的歌聲很吵嗎？」

小鳥停止了唱歌，回答土撥鼠：「我為什麼不能唱歌呢？你看，森林的空氣是多麼新鮮，春天的景色這麼優美，陽光又這麼燦爛。生活在這可愛的世界裡，我實在無法不用歌聲來表達我心中的喜悅啊！」

「是嗎？」土撥鼠充滿懷疑地問：「這個世界會可愛？根本不可能，你不要騙我！我挖遍了世界各地的土壤，只發現了草根和蚯蚓而已，我沒有看過除此之外的其他東西。真的，這個世界沒有你說的那麼好。」

小鳥對土撥鼠說：「那是因為你一直都躲在地底，從來沒有上來看看這個世界。只要你願意爬到地面，看到美麗的大自然景色，呼吸一下新鮮的空氣，你就會認同我的話，這個世界是非常美好的！」

工作是生命的一部分，但不會是全部。

所以，當你像土撥鼠鎮日埋首於工作的時候，別忘了偶爾給自己放個假。

在密密麻麻的行程裡，為自己留一點自由呼吸的時間，千萬不要讓自己活得像一隻不見天日的土撥鼠。

這樣一來，不但你不會覺得生活無趣，也會提升自己的工作效率，日子會變得更充實。

# 自私的結果，往往會落在自己身上

既然自私是無法避免的人類天性，我們所能做的，就只有將自私帶來的壞處減到最低的程度。

自私自利不管在古代還是現代而言，都是一個普遍的社會現象。很多人為了自己的利益和前途，不擇手段的打擊別人，或者對自己以外的事物不聞不問，漠不關心。

這兩種態度都是現代人自私的表現方式。雖然有人會認為自私是人的本性，但是以這個理由將自私的行為合理化的結果，只會讓自己的生活陷入因為自私而帶來的困境。

越戰結束時，有一個被徵調到越南打仗的士兵打電話給他的父母，對父母說他已經退伍，很快就可以回家跟他們團聚。

父母聽到兒子說的這個好消息，當然非常高興，在電話中表示希望他越快回家越好。

士兵告訴父母說，有一個在越南跟他一起作戰的戰友，也要和他一起回來，父母聽了當然表示歡迎。

可是，士兵接著對父母說，他的這位戰友在戰爭中失掉了一條腿和一隻手臂，希望父母能接納這位戰友，和他們一起共同生活。士兵的父母聽完士兵的敘述，就告訴士兵說，雖然他們很歡迎他的戰友來家裡，可是他們沒有辦法接受跟他一起生活。

父母說，只剩下一條腿和一隻手臂的人，只會造成家人沉重的負擔，他們沒有辦法跟殘廢的人共同生活。最後，父母建議士兵要這位殘廢的戰友設法解決自

己的生活問題。

士兵聽完父母的話之後，就把電話掛了。

誰知道，過了幾天，警方竟然找上門，通知士兵的父母，說他們的孩子在他們家附近自殺了。

傷心欲絕的父母趕忙前去認屍，令他們大為震驚的是：他們的孩子只有一條腿和一隻手臂！

原來，士兵在電話裡提到的在戰爭中失去一條腿和一隻手臂的戰友，就是說他自己。

一個人的心胸是否寬廣，決定了他的世界大小。

不要像故事中的士兵因為失去手腳就心存自卑，小看自己，同時也不要像士兵的父母各於幫助需要幫助的人。

既然自私是無法避免的人類天性，我們所能做的，就只有將自私帶來的壞處

減到最低的程度。

降低壞處最好的方法，就是改變我們的思考方式，不要只顧著自己的立場，也要記得換個角度替別人著想。

也許，這並不是一件容易的事，可是一旦我們能夠做到這一點，就能夠避免自私自利帶來的傷害。畢竟，自私自利或許會帶來暫時的好處，但那是不可能會長久的。

# 把快樂的方向盤掌握在自己手上

真正的快樂應該發自於內心，如果你的心是朝著快樂的方向，那麼，不管環境如何變化，快樂永遠掌握在你的手上。

現代人不快樂的原因，大部分都是源自受制於想法和環境，沒有找到適合自己的生活方式。尤其在經濟不景氣的時候，想要像平常一樣，依照自己的喜好過生活，更是難上加難。

然而，如果你的快樂與否，完全取決於環境的變化，那麼，你必定會充滿自卑，離快樂越來越遠。

著名的《伊索寓言》中，有一個關於鄉下老鼠和城市老鼠的故事，頗能給我

們一些啟示。

城市老鼠和鄉下老鼠是好朋友，有一天，鄉下老鼠寫了一封信給城市老鼠，

信上寫著：「我誠懇地請你到鄉下來玩，這裡可享受鄉間的美景和新鮮的空氣，生活非常悠閒自在，隨時歡迎你來。」

城市老鼠接到信之後，立刻動身前往鄉下，到了鄉下，鄉下老鼠連忙拿出很多大麥和小麥等糧食招待牠。

城市老鼠一看，對鄉下老鼠說：「你怎麼能一直過這種生活呢？住在這裡，一天到晚只能吃些大麥、小麥而已，其他什麼也沒有！還是到我家來玩吧，我會好好招待你的。」

鄉下老鼠於是就好奇地跟著城市老鼠進城。

鄉下老鼠看到城市老鼠住在豪華的房子裡，心中不禁感到非常羨慕。牠想到自己住在貧窮的鄉下，必須辛苦過日，從早到晚都在農田上自己尋找食物，連冬

天還要到寒冷的雪地上收集糧食，和城市老鼠比起來，鄉下的生活實在太不好了。

城市老鼠帶著鄉下老鼠到餐桌上享受美味的食物，就在牠們吃得津津有味的時候，「砰」的一聲，有人開門走了進來。

兩隻老鼠嚇了一大跳，馬上驚慌失措地溜進牆角的洞裡，鄉下老鼠還因此嚇得沒有了食慾。

看到這種情形，牠就對城市老鼠說：「還是鄉下平靜的生活比較適合我，這裡雖然有豪華的房子和美味的食物，但與其每天都緊張兮兮的怕被人發現，倒不如回鄉下吃麥子還比較快樂。」

鄉下老鼠就這樣離開都市，回鄉下去了。

故事中的兩隻老鼠，必須生活在自己熟悉的環境中才會覺得快樂，這表示他們的快樂受制於環境，一旦環境發生了變化，心境馬上受到影響，因此算不上真正的快樂。

真正的快樂應該發自於內心，如果你的心是朝著快樂的方向，那麼，不管環境如何變化，快樂的方向盤永遠掌握在你的手上。

一個懂得將眼光放遠的人，世界將無比遼闊，絕對不會像眼光狹窄的人，一味沾沾自喜於眼前的一丁點成就，動輒患得患失，他會讓自己站得更高，看得更遠，望向更寬廣的視野。

掌握自己的心靈方向，得到的快樂才會長久。

# 不要讓「精明」蒙蔽自己的眼睛

精明的人反而容易吃虧，是因為精明的人太相信自己的判斷，總認為所有的事情都會隨著他們所預料的情形發展。

精明不是一件壞事，只要不要讓「精明」蒙蔽自己，精明就能成為保護自己的一個最好方式。

著名的安徒生童話裡，就有一則叫《老頭子總是不會錯》的童話故事，告訴我們自以為精明的人最後總是吃虧。

有一對貧窮的老夫妻，想把家中唯一值錢的一匹馬拉到市場上去變賣，換些更有用的東西回來。

老先生牽著馬去市場，先跟別人換了一條母牛，然後用母牛去換了一頭羊，再用羊換來一隻鵝，又用鵝換了一隻母雞……換到最後，得到的卻是一大袋的爛蘋果。

但是，每一次的交換，老先生都覺得很值得。

當老先生扛著一個大袋子來到一家小酒館休息時，遇上兩個商人。兩個商人聽了老先生用馬換爛蘋果的經過之後，不由得哈哈大笑，幸災樂禍地說他回去一定會被太太痛罵一頓，但是，老先生堅持他太太絕對不會這樣對待他。

於是，商人就用一袋金幣做賭注跟老先生打賭，對老先生說如果他回家沒有受到太太任何責備，這袋金幣就屬於他的。老先生同意了，於是這兩個商人就跟著老先生一起回家。

老太太見老先生回來了非常高興，又是倒茶又是遞毛巾的。老先生便把在市場上交換的經過逐一講給老太太聽。

令商人驚訝的是，老太太每一次聽到老先生換的東西時，總是非常肯定老先生的選擇。

說到換了一頭母牛，老太太就說：「哦，我們有牛奶喝了。」說到換了一頭羊，老太太就說：「羊奶也很好喝。」說到換了一隻鵝，老太太就說：「我們會有漂亮的鵝毛！」

不論換到什麼東西，老太太都是一副非常高興的樣子。最後，聽說老先生背回一袋開始腐爛的蘋果時，老太太依然很高興地大聲對老先生說：「我們今天晚上有蘋果餡餅可以吃了！」

就這樣，兩個商人輸給老先生一袋金幣。

作家英格麗曾經寫道：「如果我將別人過去對我的閒言閒語都放在心上，那麼我就不可能擁有現在的成就。」

其實，我們雖然無法阻止別人輕視自己，但是我們卻可以提醒自己千萬不要

跟著別人一起小看自己，因為，只要我們不「小看自己」，我們就會發現自己原來也可以做到自己以前根本不可能完成的成就。

每個人的價值觀會因為成長的環境而有所不同，不能因為別人的價值觀跟你不一樣就加以否定，也不要嘲笑那些價值觀跟你不同的人。否則，下場也許會跟那兩個自以為精明的商人一樣，成為真正吃虧的人。

精明的人反而容易吃虧，是因為精明的人太相信自己的判斷，習慣用自己去度量別人，總認為所有的事情都會隨著他們預料的情形發展。可是，現實世界中，事情的發展卻往往不像精明的人預期的那樣。

如果兩個商人願意相信世界上有像這對老夫婦一樣不去計較的人，他們就不會因此輸掉一袋金幣了。

# 不要讓自己的愛變成傷害

「愛」的最大致命傷，就是自以為是。只有學習如何寬容的來看待愛，悲劇才有可能不再繼續上演。

愛有很多種類，每個人都知道對家人、情人、朋友等不同的人時該表現出怎麼樣的愛。

可惜的是，大多數人都懂得愛的表現方式，卻不懂得拿捏愛的分寸，使得許多原本應該讓人幸福的感情，最後以悲劇收場。

有七個旅行家和一個生物學家結伴到南太平洋的加拉巴哥島考察，這個海島上有許多太平洋綠海龜用來孵化幼龜的巢穴，他們想實地觀察幼龜離巢的情形。

太平洋綠龜大約一百五十公斤左右，但是牠的幼龜體重卻不及牠的百分之一。

一般而言，幼龜離巢，爬向大海的時期是每年的四五月之間，因為幼龜的體型嬌小，所以從龜巢爬到大海的過程中，一不注意就可能成為徘徊在島上的禿鷹等食肉鳥的食物。

這一群人到達島上時，很快就發現一處大龜巢，他們靜靜地在旁邊觀察著。

突然，從巢裡探出一隻幼龜的頭，似乎在偵察外面是不是安全，這個時候，一隻盤旋在空中的禿鷹發現幼龜的蹤影，馬上衝到地面，用利嘴啄幼龜，企圖把幼龜拉出巢穴。

在旁邊觀察的旅行家緊張地看著幼龜奮力掙扎，其中一個人急著對生物學家說：「你快想想辦法啊！不然幼龜會被吃掉的。」

誰知，生物學家竟然若無其事的回答：「這是大自然的生存規則，我們不能加以破壞。」

這七個旅行家很生氣生物學家的無動於衷，於是不顧他的阻止，隨即衝出去趕走禿鷹，抱起幼龜走向大海。

就在旅行家抱走幼龜後不久，成群的幼龜立刻從巢中魚貫而出。原來，被抱走的幼龜是整群幼龜的「偵察兵」，一旦遇到危險，牠便會返回龜巢通風報信。

現在負責偵察的幼龜被引向大海，巢中的幼龜便以為外面很安全，於是紛紛爬向大海。

在爬向大海的沙灘上毫無遮蔽，這群幼龜很快引來許多禿鷹，剎那間，數十隻幼龜成為這些禿鷹口中的食物。

旅行家們被這幅景象嚇住了，個個手足無措的站在原地。

生物學家見狀，立刻迅速抓起數十隻幼龜奔向大海，這時旅人們才如大夢初醒，急忙跟著生物學家的動作，不斷來回奔跑，儘量拯救其他的幼龜，算是對自己過錯的一種補償。

動物世界和人類社會每天都上演著弱肉強食、優勝劣汰的殘酷競爭。或許我們無法改變環境，但我們可以選擇少一點自以為是的態度。

「愛」的最大致命傷，就是自以為是。一味用自己認為最好的方式來愛人，結果往往就會像那群旅人一樣，造成難以彌補的傷害。由社會新聞中常常出現的感情糾紛，我們就可以知道「自以為是」的殺傷力有多驚人。

只有學習如何寬容的來看待愛，悲劇才有可能不再繼續上演。

# 讓愛成為自己的力量

只有不斷發揮這股愛的力量，讓周遭的人和自己不斷交流，我們才能生活得更自在、更從容。

人之所以能存在於這個世界上，是因為與其他動物相比，受到哺育和保護的時間要長得多。

一個人終其一生，都會受到各種不同人對我們的疼愛及照顧。因為有這些支持，所以我們才能生存得比其他動物要好。

考古學家曾在龐貝古城的遺跡中，挖掘出一對連結成一體的骨骸。

經過科學家的研究，發現這對骨骸是一對母子，母親的身體緊緊抱住懷中的孩子。想必是因為火山突然爆發，來不及帶著孩子逃出，母親只好用自己的身體護住小孩，只不過，孩子還是無法逃脫被火山熔岩吞噬的命運。

這副骸骨出土之後，引起各界不小的震撼，原來一個母親對孩子的愛，是可以不顧一切到這個地步。這副骸骨，讓我們見識到愛的力量。

同樣的情形，也發生在著名的沉船鐵達尼號上。

有一對老夫婦，帶著他們最心愛的小孫女一起去旅行。小孫女的天真無邪，使老夫婦的旅途更加輕鬆愉快，多了更多的歡笑。

然而，就在回家的途中，他們卻遇上了沉船的危機。從知道有危險的那一刻起，老太太就片刻不離地把活蹦亂跳的小孫女抱在懷裡。在等待救援的過程中，老先生也不停叮嚀老太太，一定要想辦法抱著孩子逃生，不能讓孩子在生活都還沒開始的時候就失去生命。

老夫婦兩人眼看著船逐漸下沉，只有用盡平生的力氣緊緊抱住孫女嬌小的身

體，一起被無情的大海吞噬。

等到老夫婦的屍體從沉船裡打撈上來時，人們驚訝地發現，老太太因為緊緊將孫女摟在懷裡，導致兩個身體已經連成一體，再也無法分開。

時至今日，這些來自親友的疼愛及照顧，已經不再只是單純的為了生存而產生的自然法則，而是轉化成支撐我們內心的一股力量。

因為這股力量，使我們在遇到挫折、失敗之時，不管再傷心難過，卻還是可以再站起來，而且這股力量，是每個人都擁有的。

只有不斷發揮這股力量，讓周遭的人和自己不斷交流，我們才能生活得更自在、更從容。

# 真正厲害的人，才不會説自己很厲害

外表的華麗一旦失去了內在的支持，它崩壞的速度，就只在剎那間而已。

在我們週遭的環境充斥著一種現象：越是外表光鮮亮麗的人，內心越是平凡無奇，而有些外表不起眼的人，內在的智慧卻相當豐富。

雖然這個現象不一定是一條定理，但是爲了不要讓自己陷入「以貌取人」的窘境，在評斷一個人的時候，還是不要以第一印象來做決定。

喬治的父親是個很平凡的人，一隻腳還有點跛，喬治總是想不透，為什麼母親會跟這樣一個毫無優點的人結婚？

有一回，學校舉行籃球比賽，這是喬治的第一場比賽，因此希望母親能來看他打球。

母親聽了，就對喬治說她跟父親兩人都會出席。

喬治連忙搖搖頭，向母親表示自己不希望父親參加。

母親很驚訝，便問喬治為什麼。

喬治有點不悅地回答說，他不希望同學知道父親是個有缺陷的人。

母親聽了很生氣，正準備要教訓喬治時，父親正好走過來對他們說，這幾天他要出差，沒辦法去看喬治比賽。

母親聽了父親的話，只能深深的嘆了一口氣。

後來，喬治的球隊不負眾望獲得了冠軍，在回家的路上，母親很高興地對喬治說，要是他父親知道了這個消息，一定會很高興。

原本興高采烈的喬治，聽完母親的話，臉色卻沉了下來，對母親說他不希望

提到父親。

母親的臉色開始凝重了，對喬治說：「孩子，這話我本來不想說的，可是，我如果再隱瞞下去，很可能就會傷害到你的父親。你知道你父親的腿是怎麼跛的嗎？」

喬治搖搖頭，表示不知情。

母親說：「在你兩歲的時候，你父親帶你去公園玩。在回家的路上，有一輛汽車急馳而來，你父親為了保護你，左腿因而被車輪輾過。」

喬治聽完，頓時呆住了。母親嘆了口氣：「你父親不讓我告訴你，就是不希望你因為這件事而感到內疚。」

喬治被這個突如其來的消息震驚得說不出話。

母親接著又說：「還有一件事你也不知道，你的父親就是布萊特，那個你最喜歡的作家。」

喬治更加驚訝了，母親說：「你父親不讓我告訴你這些，是怕影響你的成長。

現在你既然知道了，你就應該了解，你父親是多了不起的人。」

喬治萬萬沒有想到，一直以來總是讓自己抬不起頭的父親，竟然會是這麼有名的人物。

真正了不起的人，因為明白而且肯定自己的價值，所以不會用身外之物來包裝自己，至於那些粗俗、膚淺的人正好相反，為了贏得別人的青睞，往往刻意把自己包裝得光鮮亮麗。

如果你不明白這一點，很容易會被外在的矯飾迷惑，看不出誰才是真正值得你仿效的對象。畢竟，外表的華麗一旦失去了內在的支持，它崩壞的速度，就只在剎那間而已。

## 12 PART

# 有耐心的人，
# 才能獲得最後勝利

沒有耐心，
只想以最快的速度達到目的的話，
結果不但會一無所得，
還白白浪費了自己的能力。

# 失敗是你的權力

沒有失敗的陪襯，就不會知道成功是如何珍貴。只要不是失敗於同一個原因，失敗就不是一件丟臉的事。

「許多人夢想成功，但是對我來說，成功只有在經過多次的失敗，以及對失敗進行過反省才能獲得。而且，所謂的成功，只代表著你的工作的百分之一而已，其餘的百分之九十九則意味著失敗。不過，既然還有百分之一的希望，就應該堅持下去！」

這段話，是日本著名的企業家本田宗一郎在密西根大學獲贈榮譽博士學位時的演講詞。

他還曾經把這段講詞濃縮成一個簡潔有力的忠告：「企業家必須善於瞄準不可能的目標，以及擁有失敗的自由。」

本田宗一郎出生在貧窮的家庭，是一個在路邊修理自行車的窮鐵匠的兒子。

雖然他的家境貧窮，但是，這樣的成長環境對他剛開始試製摩托車時產生了極大的作用，因為父親的關係，本田宗一郎從小就對解決機械問題有濃厚的興趣。

本田宗一郎的家境不好，為了避免同學的嘲笑而經常逃學。他雖然不喜歡上學，但是對汽機車和機械裝置的喜愛卻是有增無減。他曾在自傳中描寫自己小時候第一次看到汽車情形：「我很激動，忘掉了一切，只顧著跟在車後跑，雖然那個時候，我只是個孩子，但是總有一天我要製造自己的汽車的想法，已經開始萌芽。」

懷著這個信念，終於，在二十世紀五〇年代，本田宗一郎創立了屬於自己的汽車公司，接著在五年內打敗了二百五十個競爭對手，確立了本田汽車公司在日

本的地位。

本田一直不認為失敗是丟臉的事，他曾經說過：「回顧我的工作，就是一連串的失敗和犯錯罷了。不過，我很自豪的一點是，雖然我接二連三的犯了許多錯誤，但是這些錯誤和失敗，都不是同樣的原因造成的。」

不要為了眼前遭遇的失敗痛苦，只要勇敢面對，失敗就不會是最終的結果。

很多時候，只要懂得轉換念頭，就會讓自己充滿信心，讓那些看似困難的事情有著更好的結果。

如果沒有失敗的陪襯，就不會知道成功是如何珍貴。

歷史上沒有一個成功人物沒有失敗過，可見失敗是成功的必經之路；只要不是失敗於同一個原因，失敗就不是一件丟臉的事。

然而，要是一而再，再而三地在同樣一件事情上犯錯，這就不叫失敗，而是愚蠢了。

# 以貌取人，小心讓自己下不了台

只會以外表來判斷一個人，不但讓自己成為笑話，也會讓自己被視為膚淺的人。

在武俠小說裡，我們經常可以讀到，許多外表看起來貌不驚人的人，往往都是身懷絕技的武林高手。

在現實生活中，也存在著許多外表平凡，卻擁有真才實學的人。如果只單憑外表來判斷一個人的話，遇到深藏不露的世外高人，便會因此鬧出許多笑話，徒然讓自己尷尬得下不了台。

有一個有錢美國人到法國旅行，當他正在巴黎郊外散步的時候，忽然看到有

一個老人正在一所漂亮的別墅花園裡澆花鋤草。

美國人看這個老人不但栽種花木的技術純熟，神情也非常負責認真，由於他

家中也有一座美麗的花園，覺得自己家裡的園丁都比不上這個老人，於是就興起

了聘請老人到美國替他工作的念頭。

這個美國人走到老人的面前，問他願不願意到美國去做他家的園丁，他可以

給他很高的工資，還能負擔他一路上的旅費。

為了引起老人的興趣，他還把美國種種的情形加油添醋地大說特說，彷彿美

國是個人間天堂一樣。

老人微笑著聽完美國人的話，接著說：「先生，真是對不起，我很感激你的

好意，但是，我另外還有一份工作，沒有辦法離開巴黎。」

美國人驕傲地說：「你乾脆全部辭掉吧，我會好好補償你的。你除了園丁之

外還做些什麼？是養雞嗎？」

「不是。」老人回答：「如果法國人下次不再選我的話，我就可以到你家裡去做事了。」

美國人聽完，好奇地問：「法國人要選你做什麼啊？」

「不好意思，先生，我是法國總統。」

人不能小看自己，同時也不要小看別人。

一個有成就的人，就會明白「人外有人，天外有天」的道理，所以行事自然會低調、內斂。

相反的，越是自以為是的人，越喜愛出鋒頭也越容易出現尷尬的場面，讓自己下不了台。

如果不明白這個道理，只會以外表來判斷一個人，不但會頻頻鬧笑話，也會讓自己被視為膚淺的人。

# 有耐心的人，才能獲得最後勝利

沒有耐心，只想以最快的速度達到目的的話，結果不但會一無所得，還白白浪費了自己的能力。

每個人都知道耐心的重要，但卻不是每個人都做得到。

因為，現實生活講求的是效率和快速，所以真正有耐心的人，也許還會被嘲笑也說不定。

第二次世界大戰前，英國首相邱吉爾和德國的獨裁者希特勒秘密見面，兩個

人在花園裡邊走邊談。

來到水池邊時，邱吉爾突然提議兩個人來打賭，看誰能不用釣具就將水池中的魚抓起來。

希特勒心想這還不容易，馬上從腰間拔出手槍朝池中的魚連射數槍。

結果，雖然激起了一大片水花，但是一條魚都沒有射中。

希特勒無奈的對邱吉爾說：「我放棄了，看你的吧！」

只見邱吉爾不慌不忙地從口袋裡掏出一把小湯匙，開始一匙一匙地把水池裡的水舀出來。

希特勒看了，相當不以為然，在旁邊大喊：「你這樣一匙一匙的舀，要等到什麼時候水才會被舀光啊！」

邱吉爾笑著回答希特勒：「這個方法雖然慢了一點，但我保證，最後的勝利一定是屬於我的。」

有一句話語：「欲速則不達」，說明耐心在生活裡的重要。

可是，在步調緊湊的現實生活裡，要事事都耐著性子來處理的話，卻也不是一件容易的事。

不過，耐心的重要性還是不容忽視，因為，並不是每一件事都可以依照自己的心意進行，學會耐心的等待，一來可以減少自己的得失心，二來在這段等待的過程中，也許能出現更好的機會也不一定。

總而言之，如果你像希特勒般沒有耐心，只想以最快的速度達到目的的話，很多時候，結果不但會一無所得，還白白浪費了自己的能力。

# 一次只下一個定義

當你認為自己失敗的時候，先仔細想一想到底是真的失敗，還是因為自己對事情的限制太多，結果讓自己被失敗的假象蒙蔽。

有一句成語叫「人多嘴雜」，同樣的一件事，如果同時有一群人各有不同的意見，那事情只會變得越來越複雜。

我們的心何嘗不是如此？要是一次為一件事下了太多的定義，再簡單的事，也會讓我們暈頭轉向。

有一天，一個女孩問她的父親：「爸爸，為什麼我的東西總是很容易就弄亂了呢？」

父親反問女兒：「妳所謂的『亂』，是什麼意思？」

女孩回答：「『亂』就是指沒有擺整齊。昨天晚上我花了很多時間把書桌重新整理好，可是就是沒辦法保持很久。」

父親聽完，就叫女兒：「妳把妳認為的整齊擺給我看。」

女孩聽父親的話，便開始動手把書桌上的東西都歸定位，然後說：「你看，現在它不是整齊了嗎？可是，我就是沒辦法一直保持這樣。」

父親再問女兒：「如果我把妳的水彩盒往這裡移動一點點，可以嗎？」

女孩回答：「不行啦，這麼做，書桌就又弄亂了。」

父親繼續說：「如果我把這本書打開呢？」

「那也叫亂。」女孩回答。

父親這時笑著對女孩說：「乖女兒，這不表示東西很容易弄亂，而是在妳的心裡對亂的定義下得太多了，但對整齊的定義卻只有一個。」

作家普卡利烏斯曾經這麼勸告我們：「消除煩惱的最好辦法，就是別讓小事佔據你的頭腦。」

確實，耗費我們生命的，往往不是什麼重大事件，而是眾多瑣碎小事引起的煩惱。

對一件事情下太多定義，不但做起來會有綁手綁腳、施展不開的感覺，而且如果稍微沒有按照規定去做，就會覺得自己沒有做好，讓自己陷入「失敗」的錯覺中。

所以，當你認為自己失敗的時候，先仔細想一想，到底是真的失敗，還是因為自己對事情的限制太多，結果讓自己被失敗的假象蒙蔽。

# 有錢，不一定會變得更快樂

人一有了錢反而變得不快樂的原因，在於他們只看到眼前的金錢，忘記了以前生活中比金錢還要美好的東西。

在這個世界上，很少人會說自己不喜歡錢，有句話不就說：「錢不是萬能，但沒有錢卻萬萬不能」嗎？

就為了怕會「萬萬不能」，所以有很多人費盡心思去賺錢。但是，賺了錢之後是不是就真的一切順利？

其實，並不一定。

有一個貧窮的農夫，每天都忙著耕種鋤草，雖然日子過得很辛苦，但是他卻感到心滿意足。

有一天，他像往常一樣在田裡鋤草，突然間鋤頭碰到一塊硬硬的東西。農夫相當好奇，便奮力往下挖，不久，土裡竟然出現了一座由金子打造、價值連城的羅漢像。

農夫因為發現了這座金羅漢，由原本的貧窮搖身一變，成為一個大財主，整個村子裡的人對農夫的好運都是既羨慕又嫉妒。

照理來說，農夫從此應該過得很快樂，可是，他卻反而終日悶悶不樂。

以前的農夫，只要能夠吃得飽、穿得暖，就感到無憂無慮，非常自在。但是，自從挖到金羅漢之後，就算每餐都是山珍海味，他也食不知味，睡覺也睡得不安穩。

除了害怕金羅漢被人家偷走這個原因之外，他吃不下、睡不著還有另外一個

原因。

農夫每天都苦惱的想著一個問題：「十八羅漢裡面我只挖到了一座而已，其他的十七座不曉得在什麼地方？要是連這十七座羅漢我都能找到，那該有多好！」

人一有了錢反而變得不快樂的原因，在於他們只看到眼前的金錢，忘記了以前生活中比金錢還要美好的東西。

農夫的痛苦來源，就是因為被貪婪蒙蔽了理智，所以才墮入了金錢的地獄裡。

成為一個有錢人當然是件讓自己開心的好事，只要記住錢是由我們來支配，而不是由它來支配我們的話，我們就可以盡情享受金錢所帶來的各種好處，讓生活變得更好。

# 你並沒有想像中那麼重要

如果你不把自己看得太重要，那你就不會把自己沒有勇氣向前邁

進的原因歸咎給別人。

每個人都害怕做錯事，總認為自己如果下錯了某些決定，就會成為別人眼中的笑話。

其實，這種想法根本就是多餘的，除非你在團體裡擁有舉足輕重的地位，別人特別注意你，不然的話，會因為你的一言一行而受影響的，恐怕只有你自己而已。

約翰已經留了很多年的鬍子，有一天，他突然心血來潮，想把鬍子剃掉，可是又有點猶豫，不知道朋友、同事對他的新造型將有什麼看法，會不會因此而取笑他？

考慮了幾天，約翰終於下定決心，先把鬍子稍微修剪了一下，不要一下子全部剃光。

第二天上班的時候，約翰已經做好應付同事反應的心理準備。結果卻出乎約翰意料之外，根本沒有人對他的鬍子改變有任何評價，只見辦公室的每個人都各自忙著自己的事情，沒有一個人對約翰的新造型發表過任何意見。

到了中午休息時間，約翰終於忍不住開口問同事：「你們覺得我這個樣子好不好看？」

同事愣了一下：「什麼樣子？」

約翰大聲說：「你沒有注意到我今天有點不一樣嗎？」

同事們這才開始從頭到腳打量約翰一番，最後終於有人開口說：「喔！你

鬍子變少了。」

有位著名的藝術家也曾經有過相同的經驗。

這位藝術家出生在一個大家庭，每次到了吃飯的時候，都是幾十個人一起坐在餐廳裡。

有一次，他決定跟大家開個玩笑，於是在吃飯前把自己藏在飯廳的櫃子裡，想等大家都找不到他時再出來。

沒想到，大家絲毫沒有注意到他不在，等到大家把飯都吃完了，他才垂頭喪氣地走出來吃剩下的飯菜。

就這樣，這位藝術家從這次經驗學到了一個很重要的教訓：「永遠不要把自己看得太重要。」

如果你不把自己看得太重要，那你就不會把自己沒有勇氣向前邁進的原因歸

咎於別人。

可惜的是，不是每個人都擁有這樣的自覺，有很多人抱持著自以為是的觀念，以為自己的所作所為有很大的影響，所以遲遲不敢行動，以致於白白浪費許多大好機會，讓自己永遠只能在原地踏步。

其實，想要成為真正具有影響力的人，只有一個辦法，那就是積極的將想法付諸行動。

# 把苦難當作成功之前的磨練

只有勇敢地面對生活，經歷一番辛苦之後，才能徹底體悟處世的道理。沒有滄桑生活的磨練，是不會理解生活的真諦的！

有些人在現實的苦難中鍛鍊自己，讓自己不斷成長；當然，也有人在困難之中，只想著要自認倒楣，結果錯過了邁向成功的最好契機。

美國前總統比爾‧柯克林頓自小在一個不幸的家庭成長，他平生第一次挺身抗暴是在他十四歲時。

據知名的新聞記者羅傑・莫里斯說，一九六〇年，比爾・柯林頓還是高一學生時，就已經是個大塊頭了。

有一個夜晚，當父母的臥室裡又傳出母親遭毆打的聲音時，他連忙推門而入，對癱坐在地的繼父說：「我不允許你在發酒瘋時，再動我的母親一根汗毛，否則你就要小心了。」

少年比爾・柯林頓習慣戴著一個讓人看不透的假面具，所以，朋友對他的印象都是討人喜歡、活潑開朗的。有一天，有個朋友說：「現在我才知道，發生在他家裡的事，沒想到他能如此沉穩，居然能把這些多事情都深埋在心底。」

從這段經歷，我們可以看見，原來這位後來當上總統的少年，很早就學會如何讓自己活在雙重世界之中。

當然，也有人批評他：「像許多生活在嗜酒家庭的孩子一樣，他也學會了不說實話，而且沒有任何愧疚感。」

其實，在柯林頓面具之後是內心激烈的衝突，這些衝突造也就了一個積極奮發年輕人，因為在他緊繃的神經下，時時處於不穩定狀態，反而使他越想讓諸事

順遂，和周遭的人相安無事。

所以，柯林頓在自省時經常說：「在我成長過程中，碰到的首要問題便是，該怎樣在不喪失原則、不大動干戈的情況下化解矛盾。」

柯林頓當選美國總統後，實現了少年時代就開始規劃的宏偉藍圖時，一個土生土長的溫泉城人說：「有不少人的確小看了他，不管是在幫助他的人面前，還是在可能害他的成年人面前，他都能應對自如，並巧妙地掩飾自己真實的感情。」

從柯林頓的成功例子，我們可以清楚知道，只有勇敢地面對生活，經歷一番辛苦之後，才能徹底體悟處世的道理。

不經歷風雨的洗禮，我們怎能見到彩虹？

沒有滄桑生活的磨練，是不會理解生活的真諦的！

*Change now*
IS TO CHANGE
THE FUTURE

江映雪 ——編著

劇作家易卜生說：「真正的強者，善於從順境中找到陰影，從逆境中找到光亮，時時校準自己前進的目標。」

自信是對自我價值的積極展現，是對自我能力的堅定信賴。想要改寫自己的人生，就必須從建立信心做起。只要隨時修正現在的腳步，往正確的方向前進，充滿自信的你，自然而然就能改變自己的人生。

充滿信心，
你就是自己的
幸運之神

# 你的自信，
## 一定會改變
## 你的人生

南懷眞 編著

學會管理情緒，別讓情緒支配自己

# 聰明的人，不會
# 用心情處理事情

英國詩人薩克林曾寫道：「我的心情就像大海一樣，如果我的情緒免於受到風
大海也就會寧靜下來。」

人的思緒難免受到情緒影響，但若是一味任由情緒支配，就會淪為情緒的

保持冷靜、理性的思緒，首先必須懂得管理自己的情緒，隨時清除心中

千萬不要用心情處理事情。

# 放下痛苦，你才會過得幸福

| | |
|---|---|
| 作　　者 | 蘇　綺 |
| 社　　長 | 陳維都 |
| 藝術總監 | 黃聖文 |
| 編輯總監 | 王　凌 |
| 出 版 者 | 普天出版家族有限公司 |
| | 新北市汐止區忠二街 6 巷 15 號 |
| | TEL / (02) 26435033 (代表號) |
| | FAX / (02) 26486465 |
| | E-mail：asia.books@msa.hinet.net |
| | http://www.popu.com.tw/ |
| | 郵政劃撥 19091443 陳維都帳戶 |
| 總 經 銷 | 旭昇圖書有限公司 |
| | 新北市中和區中山路二段 352 號 2F |
| | TEL / (02) 22451480 (代表號) |
| | FAX / (02) 22451479 |
| | E-mail：s1686688@ms31.hinet.net |
| 法律顧問 | 西華律師事務所‧黃憲男律師 |
| 電腦排版 | 巨新電腦排版有限公司 |
| 印製裝訂 | 久裕印刷事業有限公司 |
| 出 版 日 | 2021 (民 110) 年 11 月第 1 版 |

ISBN◉978-986-389-796-5　　條碼 9789863897965
Copyright◉2021
Printed in Taiwan, 2021 All Rights Reserved

國家圖書館出版品預行編目資料

放下痛苦，你才會過得幸福／

蘇綺著.—第 1 版.—：新北市,普天出版

民 110.11 面；公分. - (生活良品；38)

ISBN◉978-986-389-796-5 (平裝)